Las palabras que curan

Las palabras que curan

Selección y comentario de

Álex Rovira

Plataforma Editorial
Barcelona

Primera edición en esta colección: marzo de 2008

Tercera edición: septiembre de 2010

Álex Rovira cede todos los derechos de autor de esta obra, en cualquiera de los idiomas en los que sea editada, a ONG.

Plataforma Editorial
Plaça Francesc Macià 8-9 - 08029 Barcelona
Tel.: (+34) 93 494 79 99 - Fax: (+34) 93 419 23 14
www.plataformaeditorial.com
info@plataformaeditorial.com

Depósito legal: B. 37.644-2010
ISBN: 978-84-96981-12-6
Printed in Spain - Impreso en España

Diseño de cubierta y composición:
Rubén Verdú y peepingmonster
www.peepingmonster.com

Impresión:
Romanyà-Valls; Verdaguer, 1 - Capellades (Barcelona)
www.romanyavalls.es

A la buena gente,
que cree en el poder del amor
y en el poder de la palabra
y actúa en consecuencia
para hacer de este mundo
un lugar más habitable.

ÁLEX ROVIRA

Índice

Divinas palabras

La palabra es el arma más poderosa
RAMON LLULL

Las palabras son el vehículo de contacto de nuestra alma con la realidad. Gracias a ellas tomamos conciencia y simbolizamos lo vivido. Las palabras nos brindan además la posibilidad de significar toda experiencia, desde lo aparentemente banal hasta lo trascendente: las palabras nos ayudan a dar un sentido a la vida.

Gracias a las palabras percibimos las diferencias, los contrastes, y nos acercamos al mundo. Con ellas creamos y exploramos universos reales e imaginarios. Son puente y camino para conocer y reconocer al ser próximo, descubrir sus matices, su humanidad y, cómo no, son también el vehículo para llegar hasta nosotros mismos. Paradójicamente también las palabras nos ayudan a tomar distancia, a ganar perspectiva, a desahogarnos. Nos permiten acercarnos y alejarnos, gestionar distancias, entregarnos o partir.

«La palabra es mitad de quien la pronuncia, mitad de quien la escucha», dejó escrito Michel de Montaigne. Las palabras nos pertenecen a ambas partes en diálogo cuando éste es sincero, cuando la escucha es atenta, cuando hay voluntad de encuentro. En ellas nos encontramos y por eso nos unen, nos llevan al intercambio, a la relación, al encuentro y así es como nos hacen ver, sentir y crecer.

Existen palabras que condensan experiencias, sentimientos, anhelos, incluso una vida: el nombre de la persona amada, el de los lugares de nuestra infancia, la canción que evoca el recuerdo, la poesía que siempre nos acompaña, la voz de nuestros afectos. En ocasiones, al escuchar palabras como hijo, amigo, padre, madre o especialmente el nombre propio del ser amado, se evoca y recrea un universo de recuerdos y emociones a veces más rico e intenso que la propia realidad cotidiana.

Hay palabras sencillas, inmediatas, adecuadas, amables, que son un regalo. Expresadas desde la espontaneidad, un «adiós», un «gracias», un «por favor», un «te quiero» pueden iluminar un momento, y en según qué circunstancias, ser el recuerdo que da también sentido a una vida.

A menudo una voz amable y sincera es mucho más terapéutica que cualquier medicamento. Un gesto y una voz adecuada pueden cambiarnos el humor en un instante. La palabra nos lleva a la risa, a la alegría, a la ternura y al humor desde lo más inesperado. La palabra sorprende, conmueve, enternece y emociona.

Pero lo más milagroso que sucede con las palabras, es que nos pueden curar. Con la palabra podemos hacer nuestra alquimia interior: aliviar dolores, lidiar con nuestras dudas, rabias y culpas, concluir duelos, sanar heridas, convencer miedos, soltar yugos, terminar quizás con esclavitudes interiores y exteriores: liberar y liberarnos.

Curiosamente, como en cierta ocasión escuché decir a mi gran amigo y editor de este libro, Jordi Nadal, «a quien más teme el dictador es al poeta». Por ello el ser humano que pone voz a lo esencial, desde la desnudez, el que sana el alma individual y colectiva con la voz, con el verbo, acostumbra a ser el primero en morir fusilado en el paredón o con un tiro por la espalda. Nada peor para el cínico, el narcisista, el perverso o el ególatra que aquel niño del cuento que proclama sin miedo y con la lucidez y libertad que nace de la inocencia: «¡El Rey está desnudo!». Pero ni las balas al alma, ni el fuego a los libros, pueden con la conciencia que se despierta gracias a la palabra que ha sido ya nombrada. Porque la palabra tiene el enorme poder de denunciar, revelar, desnudar, informar, conmover y convencer.

Precisamente porque es sumamente obvio, a menudo el siguiente principio acaba siendo obviado: podemos elegir en cada instante nuestras palabras para relacionarlos con los demás, incluso para relacionarnos con nosotros mismos, para construir la realidad con el otro y para crear nuestra propia realidad. Elegir las palabras adecuadas en cada momento es un ejercicio que nos puede transformar la existencia o abrirnos la puerta a escenarios interiores y exteriores que jamás hubiéramos imaginado.

Así, las palabras que vienen a continuación han sido cuidadosamente elegidas, como queriendo construir un collar de perlas de sabiduría y belleza que sea útil, provocador, revelador, amable, alquímico y especialmente positivo para quienes las lean. Aquellos que las pronunciaron o escribieron poco podían imaginar el impacto que generarían en las vidas de otros seres humanos. Ya sea a modo de aforismo, poema, relato breve o fragmento de texto procedente de un ensayo, las perlas de sabiduría que llenan las páginas de este libro proceden de las mejores dimensiones que puede manifestar un ser humano, ya que en ellas se habla del amor, la responsabilidad, los anhelos, la sabiduría, la realización o la belleza.

Poco importa además cómo sea leído el libro. Puede hacerse al uso, capítulo a capítulo, o en el ritmo y cadencia que a uno le pida el cuerpo. Habrá a quien le siente bien la lectura ininterrumpida de todos los textos, mientras que otros quizá se sentirán mejor en una lectura reposada, de apenas uno o dos textos al día.

Otro modo de lectura podría ser a través de los temas que aparecen en el índice. Si queremos reflexionar sobre el amor, vayamos al capítulo 8, pero si queremos tener ideas inspiradoras sobre la realización, vayamos al 9. Podemos, en definitiva, construir nuestro menú de palabras que curan.

Pueden también ser leídos al azar, abriendo una página cualquiera y dejando que el texto nos hable como si nos hubiera elegido él a nosotros. Los invito a que hagan este ejercicio, les puede resultar sorprendente.

Sea como sea, es un privilegio hacer este viaje juntos. Ojalá disfruten tanto de la lectura de estos textos como un servidor ha disfrutado en su proceso de selección y ubicación, en un ejercicio que llevo haciendo desde hace muchos años.

Finalmente, les deseo que la lectura no sólo les resulte amena sino reveladora. Porque ese es el gran poder de las palabras humanas; son divinas palabras.

ÁLEX ROVIRA

Capítulo 1

Aquí y ahora

—¿Para qué te sirve, Sócrates,
aprender a tocar la lira si vas a morir?
—Para tocar la lira antes de morir.

Sólo existe el momento presente, el instante presente, o mejor, nuestra consciencia de la existencia en ese instante tan breve que ni tan sólo es cuantificable, porque cuando nos percatamos de él, ya ha pasado.

¿Qué es entonces el aquí y el ahora? Quizá, más que un momento y un lugar, es la presencia que se hace consciente de sí. Simplemente, nuestra consciencia de Ser. Porque no somos nuestro nombre, que es una etiqueta; ni nuestro cuerpo, que cambia continuamente; ni las ideas que nuestro pensamiento crea sobre nosotros mismos, tan volubles como una pluma al viento.

Somos, simplemente, presencia, consciencia. La presencia que se da cuenta de que uno piensa, siente, vive, es. Esa presencia tan pura y tan simple, tan desnuda y esencial, tan obvia, que la acabamos por obviar, por olvidar.

¿Por qué, simplemente, no nos dejamos ser? ¿Por qué no conectamos con el fluir de la vida aquí y ahora y nos olvidamos de «pre-ocupaciones» futuras y recuerdos del pasado para centrarnos en un universo que se despliega desde nuestro centro esencial? Porque la vida y todas sus posibilidades se encuentran concentradas en toda su potencia en el presente, aquí y ahora y se crean desde ese centro, desde ese Yo Soy.

Y es precisamente en este lugar donde queremos empezar este viaje por las palabras que curan: tomando consciencia del valor del presente, del ahora, de nuestro Ser. Ya que sólo desde este punto de partida podemos conectar con lo esencial, con nosotros mismos, con la vida, y seguir en el viaje que ésta nos propone instante tras instante.

Los aforismos, cuentos y citas de este capítulo son una invitación a que volvamos al lugar del que nunca deberíamos salir. Algunas nos invitan a conectar con el Presente de manera directa, otras de manera más sutil. Paladéalos y léelos con serenidad y buena disposición de ánimo; quizás alguno de ellos te haga conectar con algo esencial que has olvidado hace mucho tiempo. Feliz viaje.

Se le preguntó al viejo rabino:
—¿Cuál ha sido el día más especial de su vida?
y ¿quién fue la persona más importante?
—El día más especial de mi vida es HOY —respondió—. Y la persona más importante es con la que ahora estoy hablando.

RELATO TRADICIONAL JUDÍO

•••

Disfruta hoy.
Es más tarde de lo que crees.

PROVERBIO CHINO

•••

Lo pasado ha huido, lo que esperas está ausente.
Pero el presente es tuyo.

PROVERBIO ÁRABE

•••

La vida es lo que pasa mientras estás haciendo otros planes.

JOHN LENNON

•••

La verdadera generosidad hacia el futuro
consiste en entregarlo todo al presente.

ALBERT CAMUS

Hemos olvidado que nuestra única meta es vivir
y que vivir lo hacemos cada día
y que en todas las horas de la jornada
alcanzamos nuestra verdadera meta si vivimos...
Los días son frutos y nuestro papel es comerlos.

JEAN GIONO

•••

No tengo prisa. ¿Prisa de qué? No tiene prisa el sol y la luna: están seguros. Tener prisa es creer que la gente pasa delante de las piernas, o que, dando un brinco, salta por encima de la sombra. No; no sé tener prisa. Si extiendo el brazo, llego exactamente a donde mi brazo llega, ni un centímetro más allá. Toco sólo donde toco, no donde pienso. Sólo me puedo sentar donde estoy.

FERNANDO PESSOA

•••

No lleves nunca a cuestas
más de un tipo de problemas a la vez.
Hay quienes cargan con tres:
los que tuvieron,
los que ahora tienen
y los que esperan tener.

EDWARD EVERETT HALE

Acaba cada día y dalo por terminado.
Has hecho lo que podías.
Sin duda habrá habido errores y absurdos;
olvídalos lo antes posible.
Mañana será un nuevo día; empiézalo bien,
con serenidad y con tanto ánimo
que no lo empañen las nimiedades de ayer.

RALPH WALDO EMERSON

•••

El ayer es dinero gastado.
El mañana es dinero por venir.
Usa, pues, el día de hoy, que es dinero en efectivo.

PROVERBIO CHINO

•••

Cuando quieras hacer algo, hazlo.
No aguardes hasta que las circunstancias te parezcan favorables.

RUDYARD KIPLING

•••

¡Vivid! No os torturéis con un mañana hipotético. Construiros en vuestro presente, aprended a teneros confianza, a tenernos confianza. Entonces estaréis armados para afrontar lo imprevisible. Y encontraréis vuestra vía, en vuestra hora.

ALAIN GUILLO

Estar vivo es algo más que no estar muerto.

ALLAN PERCY

• • •

No corras, no te preocupes.
Estás aquí sólo de visita.
Merece la pena que te detengas a oler las flores.

WALTER C. HAGEN

• • •

El que no se ocupa de nacer,
se está ocupando de morir.

BOB DYLAN

• • •

Ves, pero no observas.

ARTHUR CONAN DOYLE

• • •

Oyes, pero no escuchas.

ANTONIO BLAY FONTCUBERTA

• • •

Callando es como se aprende a escuchar;
escuchando es como se aprende a hablar;
y hablando es como se aprende a callar.

DIÓGENES

Aprende como si fueras a vivir para siempre,
vive como si fueras a morir mañana.

AUROBINDO

•••

Sólo hay una forma de resistir el frío:
estando contento de que haga frío.

ALAIN

•••

Haz lo que puedas,
con lo que tengas,
allí donde estés.

THEODORE ROOSEVELT

•••

Cada día de nuestra vida estamos creando nuestro destino.

HENRY MILLER

•••

La mayoría gastamos nuestra vida como si tuviéramos otra en el banco.

BEN IRWIN

•••

El aplazamiento es el asesino de la oportunidad.

OSCAR WILDE

No es posible asegurar el futuro.
Sólo es posible perder el presente.

IVAN KLIMA

•••

No acortes la mañana levantándote tarde,
es la quintaesencia de la vida.

ARTHUR SCHOPENHAUER

•••

Donde hay paz y meditación
no tienen cabida
la ansiedad o la duda.

FRANCISCO DE ASÍS

•••

Los días no adquieren sabor
hasta que uno escapa a la obligación
de tener un destino.

ÉMILE M. CIORAN

•••

La vida no vivida es una enfermedad de la que se puede morir.

CARL G. JUNG

Hay algo tan necesario como el pan de cada día,
y es la paz de cada día.
La paz sin la cual el pan es amargo.

AMADO NERVO

•••

Enfréntate a la realidad como un niño pequeño,
abandona la idea preconcebida,
sigue con humildad cualquier abismo adonde la naturaleza te conduzca o no aprenderás nada.

THOMAS HUXLEY

•••

Lo que tengo que hacer es lo que me concierne,
no lo que la gente cree.

RALPH WALDO EMERSON

•••

¿Dónde puedo encontrar un hombre que haya olvidado las palabras?
Con ese hombre quisiera hablar.

XUANG TZU

•••

El objetivo de la vida es nacer plenamente,
pero la tragedia consiste en que la mayor parte de nosotros muere sin haber nacido verdaderamente.
Vivir, es nacer a cada instante.

ERICH FROMM

La mayoría de nosotros tenemos tan poco respeto por la vida, que alcanzamos el punto de la muerte sin haber vivido en absoluto.

HENRY DAVID THOREAU

• • •

Dichoso el que olvida el porqué del viaje
y, en la estrella, en la flor, en el celaje
deja su alma prendida.

ANTONIO MACHADO

• • •

Un hombre caminaba lentamente bajo una intensa lluvia.

Un transeúnte apresurado y protegido con un paraguas lo ve, se detiene ante él y le pregunta:

—¿Por qué no caminas más aprisa?

—También llueve delante —contestó el hombre.

CUENTO TRADICIONAL

• • •

—¿Y cuando piensas realizar tu sueño? —le preguntó el Maestro a su discípulo.

—Cuando tenga la oportunidad de hacerlo —respondió éste.

El Maestro le contestó:

—La oportunidad nunca llega. La oportunidad ya está aquí.

ANTHONY DE MELLO

Angustiado, el discípulo acudió a su maestro y le preguntó:
—¿Cómo puedo liberarme, maestro?
El maestro contestó:
—Amigo mío, ¿y quién te ata?"

CUENTO HINDÚ

• • •

Hoy es el primer día del resto de tu vida.

DICHO POPULAR

Capítulo 2

Humana responsabilidad

> Cuando mi sufrimiento se incrementó, pronto me di cuenta de que había dos maneras con las que podía responder a la situación: reaccionar con amargura o transformar el sufrimiento en una fuerza creativa. Elegí esta última.
>
> MARTIN LUTHER KING

La vida, nuestra vida, se crea a través de las respuestas que le damos al conjunto de circunstancias que nos toca vivir. La vida es una elección permanente.

La habilidad en dar esas respuestas, la «responsahabilidad», determina en buena manera no sólo el desenlace de los lances cotidianos, sino el devenir, nuestro futuro, nuestro destino.

La responsabilidad nos ofrece un gran don: el de no resignarnos. El de pensar y sentir, momento a momento, cuál es la respuesta que nos está solicitando la vida.

Frente a la crisis, el dolor, el revés, la infamia, la injusticia, la desesperación o la pérdida, tenemos el bálsamo de la ternura, la paciencia, la voluntad de sentido, la entrega, la gratitud, la generosidad, el coraje, el propósito y otras tantas actitudes que nosotros podemos elegir responsablemente para seguir andando y construir la calidad.

¿Qué podemos hacer entonces para cambiar el mundo, nuestro mundo, aquí y ahora? Ser responsables, simplemente. Y aderezar esa responsabilidad con unas buenas dosis de alegría, buen humor y amor. El paraíso, entonces, estaría en la tierra. Espero y deseo que estas frases te inspiren a ello.

Ser persona significa ser responsable.

ANTOINE DE SAINT-EXUPÉRY

•••

La última de las libertades humanas es elegir nuestra propia actitud ante cualquier circunstancia.

VIKTOR FRANKL

•••

Como no puedo gobernar los acontecimientos,
me gobierno a mí mismo.

MICHEL DE MONTAIGNE

•••

El egoísmo verdaderamente inteligente consiste en
procurar que los demás estén muy bien.
Para que, de este modo, uno esté algo mejor.

OSCAR WILDE

•••

A un discípulo que siempre estaba quejándose
de los demás, le dijo el Maestro:
—Si es paz lo que buscas, trata de cambiarte a ti mismo, no a los demás. Es más fácil calzarse unas zapatillas que alfombrar toda la tierra.

ANTHONY DE MELLO

Tú eres el motivo de casi todo lo que te sucede.

EPICTETO

•••

Todos piensan en cambiar el mundo,
pero nadie piensa en cambiarse a sí mismo.

LEÓN TOLSTOI

•••

Debemos convertirnos en el cambio que buscamos en el mundo.

MAHATMA GANDHI

•••

Nunca es tarde para ser
lo que deberías haber sido.

GEORGE ELLIOTT

•••

Las decisiones son las bisagras del destino.

EDWIN MARKHAM

•••

La resignación es un suicidio cotidiano.

HONORÉ DE BALZAC

No hay carga más pesada que un potencial que no se ha cumplido.

CHARLES SCHULZ

•••

No hay situaciones desesperadas; sólo hay hombres que se desesperan en determinadas situaciones.

PROVERBIO TIBETANO

•••

La capacidad para aceptar las responsabilidades indica la medida de un ser humano.

ROY L. SMITH

•••

Feliz el día en que descubres que no se debe a un accidente, al tiempo o a la fortuna, sino que eres tú quien lo acerca o aleja todo de ti.

SARAH BAN BREATHNACH

•••

Las circunstancias y situaciones
dan color a la vida
pero nuestra mente es la que decide
cuál va a ser ese color.

JOHN HOMER MILLER

El ser humano siembra un pensamiento
y recoge una acción.
Siembra una acción y recoge un hábito.
Siembra un hábito y recoge un carácter.
Siembra un carácter y recoge un destino.

SIVANANDA

•••

Hay una manera de hacerlo mejor: ¡encuéntrala!

THOMAS ALVA EDISON

•••

No hay papeles pequeños,
sólo actores pequeños.

MILAN KUNDERA

•••

Si no puedes cambiar tu destino,
cambia tu actitud.

AMY TAN

•••

La sabiduría no nos es dada; debemos descubrirla por nosotros mismos tras un viaje que nadie puede evitarnos ni recorrer por nosotros.

MARCEL PROUST

No somos el producto de nuestro pasado,
sino de nuestras elecciones.

STEPHEN COVEY

• • •

Sólo aquéllos que nada esperan del azar,
son dueños del destino.

MATTHEW ARNOLD

• • •

Lo que de verdad necesitamos es un cambio radical en nuestra actitud hacia la vida. Tenemos que aprender por nosotros mismos y, después, enseñar a los desesperados que en realidad no importa que no esperemos nada de la vida, sino que la vida espera algo de nosotros. Tenemos que dejar de hacernos preguntas sobre el significado de la vida y, en vez de ello, pensar en nosotros como seres a quienes la vida les inquiriera continua e incesantemente. Nuestra contestación tiene que estar hecha no de palabras ni tampoco de meditación, sino de una conducta y una actuación rectas. En última instancia, vivir significa asumir la responsabilidad de encontrar la respuesta correcta a los problemas que ello plantea y cumplir las tareas que la vida asigna continuamente a cada individuo.

VIKTOR FRANKL

Capítulo 3

Fértiles anhelos, valiente coraje

> La vida es maravillosa si no se le tiene miedo.
>
> CHARLES CHAPLIN

A menudo escuchamos que los valientes, los que se arriesgan, los que se la juegan y apuestan por una vida distinta, por crear nuevas circunstancias cuya construcción se prevé difícil, incluso imposible, son unos locos. Pero quizás el coraje no tenga nada que ver con la locura. Probablemente el coraje más que la ausencia de miedo es la consciencia de que hay algo por lo que merece la pena que nos arriesguemos.

El coraje es fuerza al servicio del amor y de la consciencia. El coraje nos mueve porque creemos que aquello que queremos crear, cambiar, construir, tiene sentido. Tiene tanto sentido que nos puede llevar a superar nuestros miedos, a enfrentar dragones internos y externos y partir en un viaje del cual regresaremos completamente transformados, bien porque hayamos logrado encarnar el anhelo que nos llevó a partir, bien porque tras la aparente derrota habremos aprendido algo nuevo que nos llevará a ver con ojos distintos a la vida, a los demás y a nosotros mismos. Sea como sea, habremos crecido en el viaje interior, si somos capaces de hacer alquimia del dolor o de no dejarnos enloquecer por el éxito o la realización si hemos sido bendecidos por éstos.

Nuestros anhelos y nuestro coraje van a ir siempre de la mano. El anhelo nos invita a crecer y el coraje nos hace crecer. El primero es semilla, es potencia, es idea; el segundo es acción, transformación, realidad. Y en ese baile, el desarrollo en lo espiritual y en lo real que nos proporciona el coraje, alimenta nuevos anhelos en una espiral cada vez menos densa y más sutil. La danza de nuestros anhelos y nuestro coraje es la que transforma nuestra vida y la de los que nos rodean. Es esa extraordinaria danza la que hace que las utopías del pasado sean realidades hoy, y que nuestras utopías de hoy, quizás, sean las realidades de mañana. Te deseo una vida llena de coraje, realización y amor…

¿Te atreves?

No hay ser humano, por cobarde que sea,
que no pueda convertirse en héroe por amor.

PLATÓN

•••

Los anhelos son los presentimientos de facultades que residen en nosotros, los signos precursores de lo que un día estaremos en condiciones de llevar a cabo.

JOHANN WOLFGANG GOETHE

•••

La sabiduría suprema es tener sueños lo bastante grandes para no perderlos de vista mientras los persigues.

WILLIAM FAULKNER

•••

Para que pueda surgir lo posible,
es preciso intentar una y otra vez lo imposible.

HERMANN HESSE

•••

Inténtalo. Fracasa.
No importa.
Inténtalo otra vez.

Fracasa de nuevo.
Fracasa mejor.

SAMUEL BECKETT

•••

La única amenaza es la inercia.

SAN JUAN PERSA

•••

Todos los hombres de acción han sido y son también soñadores.

JAMES E. HUNEKER

•••

Si no esperas, no hallarás lo inesperado.

HERÁCLITO

•••

Creo que si miras al cielo acabarás por tener alas.

GUSTAVE FLAUBERT

•••

Sólo aquellos que intentan lo absurdo consiguen lo imposible.

MC ESCHER

La mente puede conseguir aquello que puede concebir.

CLEMENT STONE

•••

No quisiera trabajar por el dinero.
Quisiera trabajar por el amor a mi trabajo.

HUGH PRATHER

•••

El ser humano tiene unas alas que no conoce.

GUSTAVE THIBON

•••

Si no fueras camino, sé vereda.
Si no puedes ser sol, sé una estrella.
No es por el tamaño por lo que se vence.
Sé lo mejor de aquello que fueras.

DOUGLAS MALLOCH

•••

Un montón de piedras dejan de ser simplemente un montón de piedras, en el momento en que un solo hombre las contempla dibujando dentro de sí la imagen de una catedral.

ANTOINE DE SAINT-EXUPÉRY

Como no sabía que era imposible, lo hice.

THOMAS ALVA EDISON

•••

O bien ni siquiera lo intentes...
o lánzate de cabeza a ello.

OVIDIO

•••

El miedo a perder nos hace perder.

VIRGILIO

•••

Ten el valor de vivir.
Morir, eso lo sabe hacer cualquiera.

ROBERT CODY

•••

Es duro vivir con miedo, ¿verdad?
En eso consiste ser esclavo.

RIDLEY SCOTT

•••

Más vale afrontar el peligro,
que perpetuar el miedo.

PROVERBIO AMERICANO

El coraje cambia el aspecto de todo.

RALPH WALDO EMERSON

•••

No es porque las cosas son difíciles
que no nos atrevemos.
Más bien las hacemos difíciles
cuando no nos atrevemos.

SÉNECA

•••

El miedo hace que se produzca lo que se teme.

VIKTOR FRANKL

•••

Anteponemos el miedo para no dejar pasar a nuestro futuro.

RUDOLF STEINER

•••

El coraje es estar dispuesto a luchar por una causa incluso cuando se está seguro de que se va a perder. Hay muchas victorias peores que la derrota.

GEORGE ELLIOTT

•••

Debes hacer aquello que crees que no puedes hacer.

ELEANOR ROOSEVELT

Abandonar puede tener justificación;
abandonarse no la tiene jamás.

RALPH WALDO EMERSON

•••

La única forma de descubrir los límites de lo posible es yendo más allá de ellos, a lo imposible.

ARTHUR C. CLARKE

•••

Un hombre con una idea es un loco hasta que triunfa.

MARK TWAIN

•••

Arriesgarse es perder el equilibrio momentáneamente.
No arriesgarse es perderse a uno mismo.

SÖREN KIERKEGAARD

•••

Los seres humanos no nacen para siempre el día en que sus madres los alumbran, sino que la vida los obliga a parirse a sí mismos una y otra vez.

GABRIEL GARCÍA MÁRQUEZ

Quien carece de valentía encuentra siempre una filosofía que lo justifica.

ALBERT CAMUS

•••

El hombre nunca sabe de lo que es capaz hasta que lo intenta.

CHARLES DICKENS

•••

La suerte ayuda a los osados.

VIRGILIO

•••

Valiente, pues el temor nace siempre de la ignorancia.

RALPH WALDO EMERSON

•••

A veces es necesario un poco de locura para edificar un destino.

MARGUERITE YOURCENAR

•••

A menudo la diferencia entre un hombre triunfador y un fracasado no son las mejores habilidades o ideas del primero, sino el valor que tuvo al apostar por sus ideas, afrontar un riesgo calculado y su voluntad de actuar.

MAXWELL MALTZ

Acercaos al abismo, les dijo.
Tenemos miedo, respondieron.
Acercaos al abismo, les dijo.
Se acercaron.
Él los empujó... y salieron volando.

GUSTAVE APOLLINAIRE

•••

Tanto miedo nos inspiran nuestras posibilidades más elevadas como las inferiores. Generalmente tenemos miedo de convertirnos en aquello que podemos atisbar en nuestros momentos más perfectos y en las condiciones más perfectas. En esos momentos cumbre, las posibilidades divinas que atisbamos en nosotros nos dan placer, e incluso nos fascinan. Y sin embargo, al mismo tiempo y ante esas mismas posibilidades, nos estremecemos de debilidad, reverencia y miedo.

ABRAHAM MASLOW

Capítulo 4

Reveladoras crisis

Al recoger las piedras que me lanzaron,
vi que una era una joya.
POEMA JAPONÉS

En diversos idiomas orientales, el ideograma que se utiliza para expresar el concepto «crisis» es exactamente el mismo que el que se emplea para expresar el concepto «oportunidad». Lo que en un momento de la vida se presenta como un revés, es quizás una puerta abierta a un cambio necesario, una oportunidad deseada o incluso, directamente, una bendición. Lo contrario también puede suceder: un aparente golpe de suerte se convierte en el tiempo en una pesadilla de compleja gestión y superación.

¿Buena suerte?, ¿mala suerte?, ¿quién sabe? Reza el cuento de la tradición. Las lecturas a corto plazo y la crispación son malas consejeras, mientras que la perspectiva y la templanza nos pueden ayudar a poner las cosas en su sitio y a propiciar renacimientos en nuestra propia vida que, gracias al abono y la humildad que nos ha dejado la crisis, nos lleven a crecer a alturas que nunca hubiéramos imaginado.

Eso sí, el desarrollo espiritual que nace de lo que podríamos llamar el «efecto bofetada», no se produce como resultado de la ingenuidad, de la pereza ni de la estupidez. Es necesario que tras la crisis, reflexionemos, meditemos, hagamos introspección, nos cuestionemos y miremos de encontrar qué mensaje nos brinda la vida en esa situación para incorporar el don que pueda haber surgido, nos pongamos a trabajar con lo aprendido.

Un viejo maestro que conocí, cuestionaba siempre a sus alumnos cuando éstos se quejaban de que una situación difícil se había presentado en su vida: ¿Si de esta situación pudieras aprender algo útil, positivo, que te hiciera crecer como persona, qué sería? Esa es la pregunta. Y cada cuál puede encontrar múltiples respuestas a cada reto que nos pone la vida. Ya que del mismo modo que no hay día sin noche, vida sin muerte, luz sin oscuridad, no hay tampoco crisis sin posible aprendizaje, dolor sin lección, revés sin anverso.

¿Qué podemos aprender de nuestra crisis, ahora? ¿Con qué nos quedamos?

Nuestros momentos de más lucidez suelen tener lugar cuando nos sentimos profundamente incómodos, infelices o insatisfechos.
Pues es en estos momentos, empujados por nuestra insatisfacción, cuando salimos del camino trillado y empezamos a explorar maneras diferentes de hacer algo, o respuestas más certeras.

M. SCOTT PECK

•••

Nada está perdido si se tiene el valor de proclamar que todo está perdido y hay que empezar de nuevo.

JULIO CORTÁZAR

•••

¿Por qué se ha de temer a los cambios?
Toda la vida es un cambio.

H.G. WELLS

•••

No hay educación como la que da la adversidad.

BENJAMIN DISRAELI

•••

Con las piedras que me arrojáis construyo
los escalones que llevan a mi casa.

ORIA

Nadie está equivocado. A lo sumo está mal informado.

HUGH PRATHER

• • •

Lloraba porque no tenía zapatos
hasta que vi a un hombre
que no tenía pies.

PROVERBIO PERSA

• • •

El camino hacia el triunfo se vuelve solitario
porque la mayoría de los hombres
no están dispuestos a enfrentar y vencer
los obstáculos que se esconden en él.
La capacidad de dar ese último paso
cuando estás agotado es la cualidad
que separa a los ganadores de los demás corredores.

ROGER BANNISTER

• • •

Nuestra mayor gloria no se basa en no haber fracasado nunca, sino en habernos levantado cada vez que caímos.

CONFUCIO

• • •

Deberíamos utilizar el pasado como trampolín y no como sofá.

HAROLD MACMILLAN

Sólo aquél que no hace nada no comete errores.

JOSEPH CONRAD

•••

No esperes a tener sed para cavar el pozo.

PROVERBIO CHINO

•••

Todo lo que nos irrita de los demás, puede conducirnos a la comprensión de nosotros mismos.

CARL G. JUNG

•••

El éxito ha hecho fracasar a muchos hombres.

C. ADAMS

•••

A menudo, la fortuna nos hace pagar muy caro
lo que creemos que nos ha regalado.

VINCENT VOITURE

•••

El error es una condición tan importante para el progreso de la vida como la verdad.

CARL G. JUNG

•••

Las experiencias de la vida en un campo de concentración demuestran que el hombre tiene capacidad de elección. Los ejemplos son abundantes, algunos heroicos, los cuales prueban que puede vencerse la apatía, eliminarse la irritabilidad. El hombre puede conservar un vestigio de la libertad espiritual, de independencia mental, incluso en las terribles circunstancias de tensión psíquica y física.

VIKTOR FRANKL

•••

La fe en que no hay acontecimiento feliz o desgraciado al que no podamos dar un sentido enderezándolo al bien, me ha acompañado siempre y me sigue acompañando, y no estoy dispuesto a renunciar a ella, ni para mí ni para los demás.

HERMANN HESSE

•••

La esperanza tiene dos preciosos hijos:
sus nombres son enfado y valor;
enfado al ver cómo son las cosas
y valor para no permitir que continúen así.

AGUSTÍN DE HIPONA

•••

Si realmente podemos entender el problema, la respuesta vendrá de éste mismo, porque la respuesta no está separada del problema.

KRISHNAMURTI

El fracaso es mejor maestro que el éxito.
Escucha, aprende y después sigue.

C. PINKOLA

•••

El éxito consiste en ir de fracaso en fracaso
sin perder el entusiasmo.

WINSTON CHURCHILL

•••

Yo me siento con frecuencia cansado y sin fe ni valor, pero creo que estos estados no deben combatirse propiamente, sino que es preciso abandonarse a ellos, llorar alguna vez, o ensimismarse sin pensar en nada, y luego se advierte que entretanto el alma ha seguido viviendo... y ha avanzado.

HERMANN HESSE

•••

Los errores fatales de la vida no se deben a que un hombre haya sido insensato. Un momento de insensatez puede ser el mejor de los nuestros. Se deben a que el hombre sea lógico. Hay una enorme diferencia.

OSCAR WILDE

En lo más profundo de la noche,
empieza la madrugada.

SWAMI TILAK

•••

Si quieres relajarte, disfruta de la crisis.

ASHLEIGH BRILLIANT

•••

Cuando ya no somos capaces de cambiar una situación nos encontramos ante el desafío de cambiarnos a nosotros mismos.

VIKTOR FRANKL

•••

No pierdo el ánimo, porque cada intento fallido que dejo atrás es un nuevo paso adelante.

THOMAS ALVA EDISON

•••

El granero se ha quemado:
Ahora puedo ver la luna.

KOAN

•••

Caer está permitido.
¡Levantarse es obligatorio!

PROVERBIO RUSO

Capítulo 5

Necesaria confianza

Al cambiar de actitud
es como si cambiáramos el resto de la vida.
RALPH WALDO EMERSON

¿Qué sería la vida sin la esperanza y sin la confianza? Muchas veces la vida carece completamente de sentido: en el dolor atroz, en el accidente inesperado que se salda con la muerte que nadie podía prever, en la injusticia, la infamia, el abuso, la violación, la enfermedad que se ceba sin motivo aparente en una víctima que sólo puede esperar que el proceso avance hasta el final... No existen argumentos que justifiquen un sentido en la vida cuando el dolor es total. No los hay. No los sé ver.

Pero como ningún ser humano es una isla y vivimos en relación con los demás, nos toca seguir andando sabiendo que nuestros hijos nos esperan, o nuestras parejas, o nuestros padres o cualquiera de los afectos cuya simple imagen en nuestra mente y corazón nos llevan, sin darnos cuenta, a tomar aire, a respirar y darle una nueva oportunidad a la vida. En esas inspiraciones, están la confianza y el optimismo. No como estupidez o ingenuidad, tampoco como un ejercicio de inconsciencia, más bien todo lo contrario. Porque la confianza no es banal, es tremendamente firme, no admite grados, es como una apuesta: vas o no vas, crees o no crees, confías o no confías.

Decir «confío un poco», es lo mismo que decir que no confío. Por eso la confianza es tan difícil de construir y tan fácil de destruir. Si la copa de la confianza se ha roto se podrá recomponer, quizás, pero las grietas de la reconstrucción son imposibles de ocultar. Al amigo que nos ha hecho la trastada le podremos perdonar, pero olvidar no depende de un simple acto de voluntad. Es mucho más complejo. Ahora bien, si perdemos la confianza, ¿qué nos queda? Nada. Sin ella, la entrada del abandono, la resignación, el cinismo y la paranoia es libre.

¿Podemos entonces confiar en todo y en todos? Ni mucho menos. La elección de quien y qué nos acompaña en la vida es determinante, crucial. Confiemos en quien sea confiable, en quien lo merezca y especialmente confiemos en que no perdamos la lucidez ni la fuerza para hacer que, incluso cuando nos parezca que nada tiene sentido en esta vida, podremos encontrar un hilo de luz que nos permita no perder la fe en lo que nos queda por vivir.

La principal diferencia entre el optimismo y el pesimismo descansa en el concepto de memoria. El pesimista recuerda con toda claridad los daños y fracasos del ayer, más no puede evocar las abundantes posibilidades de un mañana nuevo. En cambio, el optimista ya tiene grabado en la memoria un futuro lleno de esperanza.

CHARLES JINKS

•••

Entre las cualidades más esenciales del espíritu humano está la confianza en uno mismo y el crear confianza en los demás.

MAHATMA GANDHI

•••

Un optimista ve la oportunidad en toda calamidad; un pesimista ve una calamidad en toda oportunidad.

WINSTON CHURCHILL

•••

Algunos hombres observan el mundo y se preguntan: «¿Por qué?».
Otros hombres observan el mundo y se preguntan: «¿Por qué no?».

GEORGE BERNARD SHAW

Señor, concédeme la serenidad de aceptar que hay cosas que no puedo cambiar, el valor de cambiar lo que puede cambiarse y la sabiduría para distinguir la diferencia.

FRANCISCO DE ASÍS

•••

En todas las cosas humanas es necesario la entrega y la confianza, por el contrario, la desconfianza y el excesivo deseo de triunfar son causas de que no se triunfe.

GIACOMO LEOPARDI

•••

En la confianza en sí mismo están comprendidas todas las virtudes.

RALPH WALDO EMERSON

•••

Ojo a las situaciones inesperadas.
En ellas se encierra nuestra gran oportunidad.

VIRGILIO

•••

El futuro tiene muchos nombres.
Para los débiles es lo inalcanzable.
Para los temerosos, lo desconocido.
Para los valientes es la oportunidad.

VICTOR HUGO

Toda desventaja tiene su ventaja equivalente si te tomas el trabajo de encontrarla.

W. CLEMENT STONE

•••

El hombre sabio crea más oportunidades que las que encuentra.

FRANCIS BACON

•••

La suerte no es más que la habilidad de aprovechar las ocasiones favorables.

ORISON SWEET MARDEN

•••

Más hace el que quiere que el que puede.

PROVERBIO JAPONÉS

•••

Los que dicen que es imposible no deberían interrumpir a los que lo están haciendo.

THOMAS ALVA EDISON

•••

¿Por qué temer a los hombres? ¿Por qué preocuparme por el mañana? Si tengo mi alma fuerte y limpia todo me saldrá bien. No estoy solo ni débil. Si elevo mi espíritu no hay mal que pueda tocarme. El único enemigo a quien temo es a mí mismo. El miedo y la desconfianza del futuro, son madres de los fracasos, traen ideas que nos llevan al desastre.

PARACELSO

•••

Es la ley de la vida que cada vez que se nos cierra una puerta se nos abre otra. Lo malo es que con frecuencia miramos con demasiado ahínco hacia el pasado y añoramos la puerta cerrada con tanto afán que no vemos la que se acaba de abrir.

ALBERT SCHWEITZER

Capítulo 6

Propósito, voluntad y buena suerte

> El destino baraja las cartas
> pero nosotros las jugamos.
> ARTHUR SCHOPENHAUER

La vida se construye en un diálogo entre el azar y nuestra responsabilidad. Decir que todo depende del azar es resignarse, rendirse, dejar a cero nuestra capacidad para redirigir o redefinir la vida. Decir que somos nosotros los que podemos hacer todo cuanto queramos, que tenemos todo el poder para crear la realidad a nuestra medida, no tan sólo es una fantasía muy peligrosa para nuestro entorno sino más bien un oscuro delirio narcisista.

El veneno está en la dosis. Si nos resignamos porque creemos que no podemos hacer nada y que el destino está escrito, entonces la partida de la vida será dolorosa y seguro que muy aburrida. En el otro extremo, si caemos en un delirio de omnipotencia, las bofetadas que recibiremos serán de tal calibre y tan necesarias que o enloqueceremos o caeremos en una depresión que nos devuelva el sentido de realidad.

Entre lo uno y lo otro existe la capacidad de ir desarrollando la lucidez necesaria para saber a dónde podemos llegar, paso a paso, trabajando y esforzándonos en aprender y hacer crecer nuestras capacidades de comprender, amar y actuar. Quizás lo importante es no dejar de hacerse preguntas y de sembrar, cada día, semillas de posibilidades, crear nuevas circunstancias, prepararnos para cuando florezca la oportunidad que nos abra las puertas hacia una nueva realidad deseada y esperada durante mucho tiempo por la que nos hemos estado preparando. La buena suerte quizás es, simplemente, la combinación de la preparación y la oportunidad. La primera depende de nosotros, la segunda, no tanto, aunque con la práctica, quién sabe.

Y en esa necesaria preparación para el juego de la vida, el propósito entendido como voluntad y entrega para que un anhelo se haga realidad, tiene un papel esencial.

Woody Allen, lúcido maestro, dijo: «Sólo me ha llevado cuarenta años tener un éxito de la noche a la mañana». Pues eso. A remar.

Aquellos que deliberan exhaustivamente antes de dar un paso, se pasan la vida sobre una sola pierna.

ANTHONY DE MELLO

•••

Los que renuncian son más numerosos que los que fracasan.

SÉNECA

•••

Empieza haciendo lo necesario,
luego aquello que sea posible,
y acabarás haciendo lo imposible.

FRANCISCO DE ASÍS

•••

Empieza por el principio, y continúa hasta llegar al fin, allí paras.

LEWIS CARROLL

•••

Nuestra gran debilidad es siempre la renuncia.
El único camino cierto para lograrlo es volver a intentarlo una vez más.

THOMAS ALVA EDISON

No trabajes más duro. Hazlo con más inteligencia.

KEN BLANCHARD

•••

La paciencia tiene más poder que la fuerza.

PLUTARCO

•••

Pueden hacerlo porque creen que pueden hacerlo.

VIRGILIO

•••

No existen grandes talentos sin gran voluntad.

HONORÉ DE BALZAC

•••

Muchas personas piensan que tener talento es una suerte, pocas sin embargo piensan que la suerte pueda ser cuestión de talento.

JACINTO BENAVENTE

•••

Podemos hacer lo que deseemos si lo intentamos lo suficiente.

HELEN KELLER

•••

No hay nada tan poderoso como el hábito.

OVIDIO

Es curioso, pero cuanto más practico, más suerte tengo.

GARY PLAYER

•••

Nuestra suerte no se halla fuera de nosotros, sino en nosotros mismos y en nuestra voluntad.

JULIUS GROSSE

•••

Jamás se conseguirá nada sin grandes hombres, y los hombres sólo son grandes si tienen la determinación de serlo.

CHARLES DE GAULLE

•••

Son tus decisiones y no el azar lo que determina tu destino.

JEAN NIDETCH

•••

Dos caminos se bifurcaban en el bosque, y yo,
yo tomé el menos transitado. Y eso lo cambió todo.

ROBERT FROST

•••

Existe una puerta por la que puede entrar la buena suerte, pero tú tienes la llave.

PROVERBIO JAPONÉS

Decide lo que quieres,
decide lo que estás dispuesto a dar a cambio.
Establece tus prioridades
y ponte a trabajar.

H.L. HUNT

•••

Romped vuestros límites, haced saltar las barreras de lo que os constriñe, movilizad vuestra voluntad, exigid la libertad como un derecho, sed lo que queréis ser. Descubrid lo que os gustaría hacer y haced todo lo posible para conseguirlo.

RICHARD BACH

•••

Sólo teniendo la voluntad de conseguir lo imposible se realiza lo posible.

HENRI BARBUSSE

•••

La suerte es el pretexto de los fracasados.

PABLO NERUDA

•••

Los seres humanos estamos hechos para superarnos y sólo somos verdaderamente nosotros mismos cuando nos trascendemos.

HUSTON SMITH

Primero descubre lo que quieres ser;
luego haz lo que tengas que hacer.

EPICTETO

•••

El talento es algo corriente.
No escasea la inteligencia,
sino la constancia.

DORIS LESSING

•••

Todos tienen talento. Lo que es raro es tener la voluntad de perseguir al talento hasta el oscuro sitio donde habita.

ERICA JONG

•••

La suerte favorece sólo a la mente preparada.

ISAAC ASIMOV

•••

Creo muchísimo en la suerte y descubro que cuanto más trabajo, más suerte tengo.

STEPHEN LEACOCK

•••

De todos los medios que conducen a la suerte,
los más seguros son la perseverancia y el trabajo.

MARIE R. REYBAUD

La palabra casualidad es una blasfemia;
nada bajo el sol sucede por casualidad.

DORIS LESSING

•••

La suerte del genio es un 1% de inspiración y un 99% de transpiración.

THOMAS ALVA EDISON.

•••

—¡Maestro, busco pero no encuentro!
—¡Cesa de buscar y provoca las condiciones adecuadas para recibir!

ALEJANDRO JODOROWSKY

•••

Nada ha cambiado.
Sólo yo he cambiado, por lo tanto,
todo ha cambiado.

MARCEL PROUST

•••

Sé quien en verdad eres.
Descubre tus talentos y tu propósito en la vida.
Esto te llevará a hacer lo que amas
y porque haces las cosas con amor,
obtendrás lo que necesitas.

ERICH FROMM

El hombre no está totalmente condicionado y determinado; él es quien determina si ha de entregarse a las situaciones o hacer frente a ellas. En otras palabras, el hombre en última instancia se determina a sí mismo. El hombre no se limita a existir, sino que siempre decide cuál será su existencia y lo que será al minuto siguiente.

VIKTOR FRANKL

Capítulo 7
Deseada felicidad

Muchas personas se pierden las pequeñas alegrías
mientras aguardan la gran felicidad.
PEARL S. BUCK

Nuestra sociedad ha hecho de la felicidad un objeto, algo que conseguir, algo a lo que llegar. Desde esta perspectiva la hemos confundido con el confort, el placer o el bienestar, que si bien pueden apuntar hacia ella, no son lo mismo.

Nos es realmente difícil ser felices si buscamos incesante y angustiadamente en qué consiste la felicidad. Porque ésta no es un lugar al que llegar, es más bien una manera de andar. No es un destino, es un síntoma que aparece al caminar. Y mientras hay quienes se dedican a perseguir la felicidad, otros la crean amando, sirviendo, desarrollando su conciencia, procurando cuidar lo esencial o brindando pellizcos de alegría a quienes los rodean y, cuando lo hacen, son felices.

En un mundo donde cada vez más se confunde valor con precio y dejamos de valorar lo esencial, la infelicidad (léase, la depresión y la angustia) no para de aumentar. La cuestión es que las pastillas no nos darán la felicidad como tampoco nos liberarán completamente de esos dos males que nos aquejan hoy más que nunca. Pretenden también borrar la tristeza, eliminarla como algo innecesario, incómodo. Grave error: cuando ésta es tan necesaria para hacernos personas, humildes, compasivas, lúcidas. Es más, gracias a la tristeza reconocemos, por contraste, la alegría, el gozo, la felicidad.

¿Dónde está entonces la felicidad? ¿Dónde la debemos buscar? Quizás más que buscarla podemos encontrarla aquí y ahora. En el viaje por las palabras de los sabios que tanto meditaron o que tuvieron el don de la lucidez estamos viendo que la vida es un arte y que como tal, todo lo bello que de ella deriva también lo es. Luego, en ese arte que es vivir nos daremos cuenta de que probablemente la felicidad no se busca, se encuentra; que la felicidad no está en las cosas, sino que se pone en ellas; que más que un destino es el viaje; y que, en definitiva, es un lenguaje que podemos desarrollar, porque depende de nosotros. Luego, como arte que es, la felicidad la podemos crear nosotros en un ejercicio de entrega, amabilidad, gratitud, generosidad, consciencia, ternura, amor en definitiva. Ojalá tu vida sea una vida feliz, porque así tu lo desees, lo crees, lo hagas a pesar de encontrar mil argumentos que te inviten a pensar lo contrario.

Nunca serás feliz de verdad si buscas incesantemente en qué consiste la felicidad.
Nunca vivirás de verdad si buscas incesantemente el sentido de la vida.

ALBERT CAMUS

•••

Algunos persiguen la felicidad, otros la crean.

DICHO POPULAR

•••

A veces tu alegría es la fuente de tu sonrisa, pero a veces tu sonrisa puede ser la fuente de tu alegría.

THICH NHAT HANH

•••

La felicidad es una dirección, no un lugar.

SYDNEY J. HARRIS

•••

La felicidad no está en las cosas que haces
sino en cómo haces esas cosas: con felicidad.

JOSE MARÍA DE LA FUENTE

•••

Si observas una persona realmente feliz, la encontrarás construyendo un barco, escribiendo una sinfonía, educando a sus hijos, plantando dalias en su jardín, o buscando huevos de dinosaurio en el desierto de Gobi. No la encontrarás buscando la felicidad como si fuera la cuenta de un collar que se ha deslizado bajo el radiador.

W. BERAN WOLFE

•••

La puerta de la felicidad se abre hacia dentro,
hay que retirarse un poco para abrirla:
si uno la empuja, la cierra cada vez más.

SÖREN KIERKEGAARD

•••

Cada minuto que estás enfadado
pierdes 60 segundos de felicidad.

ANÓNIMO

•••

No hay más que una manera de ser feliz:
vivir para los demás.

LEON TOLSTOI

•••

Vivir para los demás no es sólo la ley del deber,
es también la ley de la felicidad.

AUGUSTE COMTE

•••

¡Cuánto pierden los que sólo saben ganar dinero!

NAROSKY

El hombre más feliz es el que hace la felicidad del mayor número de sus semejantes.

DENIS DIDEROT

•••

Del mismo modo que no tenemos derecho a consumir riqueza sin producirla, tampoco lo tenemos a consumir felicidad sin producirla.

GEORGE BERNARD SHAW

•••

Intenta ser siempre feliz, porque nunca sabes quien se va a enamorar de tu sonrisa.

FRANCESC MIRALLES

•••

He reducido el mundo a mi jardín
y ahora veo la intensidad de todo lo que existe.

JOSÉ ORTEGA Y GASSET

•••

La felicidad de nuestra vida depende de la serenidad de nuestra conciencia.

OLIVER GOLDSMITH

•••

De vez en cuando conviene dejar de perseguir la felicidad y dedicarse simplemente a ser feliz.

THE COCKLE BUR

La felicidad es una mariposa que no se deja atrapar,
pero si te sientas tranquilamente,
puede que se pose en tu mano.

NATHANIEL HAWTHORNE

•••

La máxima fuerza es no tener miedo. Pero el miedo no depende de la voluntad. Por eso tenemos que cultivar nuestro espíritu. Sin una formación más completa, más holística, no se puede vencer al miedo, no se puede ser feliz. Con miedo no se puede ser feliz.

RAIMON PANIKKAR

•••

Puesto que ignoras lo que te reserva mañana,
puedes darte el permiso de ser feliz hoy.

OMAR KHAYYAM

•••

Si de verdad quieres ser feliz, no caigas en la tentación de comparar este momento con otros momentos del pasado, los cuales no supiste disfrutar porque los comparabas con los momentos por venir.

ANDRÉ GIDE

•••

Hay personas que son felices
y todavía no se han enterado.

VAUVENARGUES

En donde hay alegría, hay creación.
Cuanto más rica es la creación,
más profunda es la alegría.

HENRI BERGSON

•••

He cometido el peor de los pecados que un hombre puede cometer. No he sido feliz. Que los glaciares del olvido me arrastren y me pierdan, despiadados.

Mis padres me engendraron para el juego arriesgado y hermoso de la vida, para la tierra, el agua, el aire, el fuego. Los defraudé. No fui feliz. Cumplida no fue su joven voluntad. Mi mente se aplicó a las simétricas porfías del arte, que entreteje naderías.

Me legaron valor. No fui valiente. No me abandona. Siempre está a mi lado la sombra de haber sido un desdichado.

JORGE LUIS BORGES

•••

No es fácil encontrar la felicidad en nosotros, pero es imposible encontrarla en ningún otro lugar.

AGNES REPPLIER

•••

Cuidado con la tristeza: ¡es un vicio!

GUSTAVE FLAUBERT

Capítulo 8

Sagrado y humano amor

—¿Qué es el amor? —preguntó el discípulo.
—La ausencia total de miedo, —dijo el maestro.
—¿Y qué es a lo que tenemos miedo? —volvió a preguntar el discípulo.
—Al amor —respondió el maestro.

ANTHONY DE MELLO

La introducción de este capítulo es, sin duda, la más difícil; ¿cómo hablar del amor en apenas cuatro párrafos? Suena a broma, casi a delito.

En el sentimiento amoroso está todo. Amor es vida, vida es amor. En la ternura, el beso, la caricia, el deseo, la fantasía, el juego, la lujuria, la pasión desatada, el clímax gozoso, el abrazo donde dos se saben uno, está la vida.

También en la amistad, la conversación amable, el regalo, la escucha entregada, la mirada cómplice, la compañía, el gesto, el detalle, está la vida.

En la entrega total, la que vivimos por el amor a nuestros hijos, la disposición absoluta a dar nuestra vida por ellos, si fuera necesario, sin dudarlo, está el amor, está toda la vida, está todo.

No sé qué más decir... Quizás toca ahora sentir el amor desde diversas dimensiones. Sin duda, este capítulo merecería una enciclopedia que compendiara todo cuanto se ha dicho sobre él. Porque hablar del amor y especialmente practicarlo en todas sus dimensiones, evitaría muchos males en la especie y la tierra que nos acoge.

A continuación se sirve un breve aperitivo que se mueve en la esencia del amor, que no es más que el deseo de que el ser amado esté bien, se sienta bien, crezca, se desarrolle. Amar es cuidar. Espero que lo disfrutes... y sobre todo, que su lectura te invite a amar y a ser amado.

Sé amable cuando tengas la posibilidad.
Siempre tienes esa posibilidad.

DALAI LAMA

•••

Un cobarde es incapaz de mostrar amor,
hacerlo está reservado a los valientes.

MAHATMA GANDHI

•••

El mejor regalo que le podemos hacer a otro no es sólo compartir nuestras riquezas, sino revelarle las suyas propias.

BENJAMIN DISRAELI

•••

El verdadero amor no es más que el deseo inevitable de ayudar al otro a que sea quien en verdad es.

ANTOINE DE SAINT EXUPÉRY

•••

Lo que das de ti se transforma en tu riqueza.

CARLOS NESSI

•••

Lo que das, te lo das.
Lo que no das, te lo quitas.

ALEJANDRO JODOROWSKY

Todo lo que no se da se pierde.

PROVERBIO HINDÚ

•••

El destino más elevado del ser humano es servir más que gobernar.

ALBERT EINSTEIN

•••

Quien se hace consciente de su responsabilidad ante el ser humano que le espera con todo su afecto o ante una obra inconclusa no podrá nunca tirar su vida por la borda. Conoce el «porqué» de su existencia y podrá soportar casi cualquier «cómo».

VIKTOR FRANKL

•••

En el momento de la muerte, no se nos juzgará por la cantidad de trabajo que hayamos hecho, sino por el peso de amor que hayamos puesto en nuestro trabajo.

TERESA DE CALCUTA

•••

Quien da, recibe.
Quien se olvida de si mismo, encuentra.

FRANCISCO DE ASÍS

El amor todo lo vence.

VIRGILIO

•••

En el momento de morir sólo te llevas lo que has dado.

LUCIANA PRENNUSHI

•••

He aquí mi secreto —dijo el zorro—, es muy simple: no se ve bien sino con el corazón. Lo esencial es invisible a los ojos.

ANTOINE DE SAINT-EXUPÉRY

•••

Si juzgas a la gente, no tienes tiempo para amarla.

TERESA DE CALCUTA

•••

La risa es la distancia más corta entre dos personas.

GEORGE BERNARD SHAW

•••

Amar es encontrar la propia riqueza fuera de uno mismo.

ALAIN

•••

La dependencia genera miedo. Si yo dependo de usted emocional, psicológica o espiritualmente, seré su esclavo y, por lo tanto, le temeré. No es una opinión, sino un hecho.

KRISHNAMURTI

•••

No hay más muerte que la ausencia de amor.

RENÉ BARJAVEL

•••

El amor está vacío de ego.
El ego está vacío de amor.

AUROBINDO

•••

La tierra es mi patria,
la humanidad, mi familia.

KHALIL GIBRAN

•••

Si amasen más,
hablarían menos.

SANTA GERTRUDIS

•••

Hay dos maneras de ser un hombre entre los hombres. La primera consiste en cultivar la propia diferencia, la segunda, en profundizar la comunión.

ANDRÉ MALRAUX

Baña a la gente que amas con amor.

JAMES TAYLOR

•••

El amor no es sólo un sentimiento, es también un arte.

HONORÉ DE BALZAC

•••

El que muere no puede llevarse nada de lo que consiguió, pero se lleva, sin duda, todo lo que dio.

MAMERTO MENAPACE

•••

Amar es correr el mayor de los riesgos.
Entregar tu futuro y tu felicidad en manos de los otros.
Es confiar sin reservas en alguien.
Es reconocerte vulnerable.
Y así te quiero yo.

HELEN THOMSON

•••

Si dios no es Amor, no vale la pena que exista.

HENRY MILLER

•••

Si queremos un mundo de paz y de justicia debemos poner decididamente la inteligencia al servicio del amor.

ANTOINE DE SAINT EXUPÉRY

Aprenda usted, como sea, a servir de verdad, a entregarse de verdad, a pensar de verdad en las cosas, en lugar de en sí mismo; es el único camino para salir de su desierto.

HERMAN HESSE

•••

A veces, con alguien que amo, me lleno de ira por temor a prodigar amor no correspondido.

Pero ahora creo que no hay amor no correspondido, la retribución es segura, de uno u otro modo.

Amé ardientemente a una persona y mi amor no fue correspondido.

Sin embargo, aquel amor ha hecho que escriba estos cantos.

WALT WHITMAN

•••

Entre los individuos, la amistad nunca viene dada, sino que debe conquistarse indefinidamente.

SIMONE DE BEAUVOIR

•••

Si podéis amarme por lo que soy, seremos más felices.

RALPH WALDO EMERSON

Lo blando es más fuerte que lo duro,
el agua es más fuerte que la roca,
el amor es más fuerte que la violencia.

HERMANN HESSE

•••

No desprecies a nadie: hasta un átomo hace sombra.

PUBLIO SIRO

•••

Sólo después de encontrarme a mí mismo puedo ayudar a otros. Y si he de ayudar debo tener comprensión completa y, sobre todo, infinito amor.

KRISHNAMURTI

•••

Fabricamos una máscara para encontrarnos con las máscaras de los demás.
Y luego nos preguntamos por qué no tenemos a quién amar, por qué nos sentimos tan solos.

ESHIN

•••

Rechazamos el cariño y la intimidad con la gente, como si esperásemos un cariño y una intimidad mejores que están por llegar. Pero ¿de dónde y cuándo? Mañana será como hoy. Malgastamos la vida mientras nos preparamos para vivir.

RALPH WALDO EMERSON

Fue entonces cuando aprehendí el significado del mayor de los secretos que la poesía, el pensamiento y el credo humanos intentan comunicar: la salvación del hombre está en el amor y a través del amor. Comprendí cómo el hombre, desposeído de todo en este mundo, todavía puede conocer la felicidad aunque sea sólo momentáneamente si contempla al ser querido. Cuando el hombre se encuentra en una situación de total desolación, sin poder expresarse por medio de una acción positiva, cuando su único objetivo es limitarse a soportar los sufrimientos correctamente con dignidad ese hombre puede, en fin, realizarse en la amorosa contemplación de la imagen del ser querido.

VIKTOR FRANKL

•••

Ama al hombre, pues él eres tú.

NIKOS KAZANTZAKIS

Capítulo 9

Lúcida realización

La finalidad de la vida
es el crecimiento del alma, no el éxito exterior.
AUROBINDO

La palabra éxito me resulta incómoda. Quizás porque el término se ha pervertido a base de confundirlo con el logro fácil, la notoriedad ajena de compromiso, integridad y esfuerzo, o con la de clichés que tienen que ver más con la vanidad que con la verdadera realización.

En su etimología, éxito proviene de la voz latina «éxitus», que a su vez proviene de «exitere», que quiere decir «salida». Podríamos especular entonces que el verdadero significado del éxito sólo lo podemos evaluar al final de nuestra vida, en nuestra «salida», realizando entonces nuestro balance existencial de sumas y saldos y viendo los claroscuros de nuestro viaje. Es quizás entonces cuando podemos analizar con la perspectiva necesaria qué hemos aprendido, con qué nos quedamos, qué ha merecido la pena, qué fue lo verdaderamente importante, qué nos ha hecho crecer y, sobre todo, qué y cómo hemos dejado a nuestro alrededor.

Frente al éxito, la palabra realización me resulta mucho más amable, firme, rigurosa, contundente. Realizar implica concretar en lo real, hacer. Realizar nos habla también del cumplimiento de un anhelo, pero en este caso la vanidad y la pedantería sobran, el ruido de lo exterior no aparece. Y lo que es más importante, la realización nos habla de tomar consciencia, de darnos cuenta, de despertar.

Luego, la realización es lúcida, luego discreta y humilde y nos habla de logros esencialmente en nuestra *psiké*, nuestra alma, nuestro potencial; mientras que el éxito se muestra ostentoso, demasiadas veces arrogante porque está más orientado a la materia, y el tenerlo no es para nada garantía de lucidez. Es por ese motivo que hemos preferido convocar los aforismos, citas y textos de los sabios bajo este concepto, ya que todo cuanto nos dicen ellos hace referencia más a la realización que al éxito. Ellos sabían, como verás, de lo que hablaban.

Espero que te inspiren.

Sabemos lo que somos pero no lo que podemos llegar a ser.

WILLIAM SHAKESPEARE

•••

Para llegar a ser lo que deberías ser,
empieza por renunciar a lo que eres.

MAESTRO ECKHART

•••

La primera y mejor de las victorias es la conquista de uno mismo.

PLATÓN

•••

Cuanto más sabio y poderoso es un maestro,
más inmediatamente se realiza su obra.
Y más simple es.

CARLOS CASTANEDA

•••

Los paraísos perdidos sólo están en nosotros mismos.

MARCEL PROUST

•••

Yo no puedo enseñaros nada, sólo puedo ayudaros a buscar el conocimiento dentro de vosotros mismos, lo cual es mucho mejor que traspasaros mi poca sabiduría.

SÓCRATES

•••

Para mí la tarea del hombre debe ser doble: por una parte, la persecución de una trayectoria consistente en hacerse lo que se es, y por otra, frente a lo imprevisible, adoptar una actitud digna de un ser humano. Pero no es que sean dos objetivos diferentes, pues sólo haciéndose se gana dignidad, y sólo dignamente tiene sentido hacerse.

JOSÉ LUIS SAMPEDRO

•••

Y sólo cuando hayas alcanzado
la cima de la montaña
comenzarás a escalar.

KAHLIL GIBRAN

•••

No intento bailar mejor que nadie.
Sólo trato de bailar mejor que yo mismo.

MIKHAIL BARYSHNIKOV

•••

Los jardines no se hacen diciendo «¡qué bonito!»
y sentándose a la sombra.

RUDYARD KIPLING

Un árbol sobresale en ser un árbol, y nadie sabe verdaderamente cómo lo hace. No hay manera de imitar a un árbol. La única forma es ser uno de ellos. Igualmente, cuando un ser humano da muestras de una extraordinaria habilidad para algo, sobresale en ello de manera natural.

ALAN WATTS

•••

El hombre es hecho por su creencia.
Según cree, así es.

BHAGAVAD GITA

•••

«Duda y aprenderás». La duda es la maleta más valiosa del equipaje de los genios y la que más falta en el de los fanáticos.

EDMOND H. FISCHER

•••

El principal problema de este mundo es que los tontos y los fanáticos siempre están seguros de ellos mismos, mientras que la gente inteligente anda llena de dudas.

BERTRAND RUSSELL

•••

He sido un hombre que busca y aún lo sigo siendo, pero ya no busco en las estrellas y en los libros, sino que empiezo a escuchar las enseñanzas que me comunica mi sangre.

HERMANN HESSE

•••

Ser honesto del todo consigo mismo es el mejor esfuerzo que un ser humano puede realizar.

SIGMUND FREUD

•••

Lo que un hombre piensa de sí mismo, esto es lo que determina, o más bien indica, su destino.

HENRY DAVID THOREAU

•••

Cuando el hombre no se encuentra a sí mismo,
no encuentra nada.

JOHANN WOLFGANG GOETHE

•••

No vemos las cosas como son.
Las vemos como nosotros somos.

ANAÍS NIN

•••

Leemos mal el mundo,
y decimos luego que nos engaña.

RABINDANATH TAGORE

Que la inspiración llegue, no depende de mí.
Lo único que yo puedo hacer es ocuparme de que me encuentre trabajando.

PABLO PICASSO

•••

Sólo triunfa en el mundo quien se levanta y busca las circunstancias, y las crea si no las encuentra.

GEORGE BERNARD SHAW

•••

Nuestros sueños son las únicas mentiras que pueden dejar de serlo.

FRANCESC MIRALLES

•••

Mientras un ser crece,
no envejece.

VITUS B. DRÖSCHER

•••

Siembra para ser tú mismo.

RENÉ TROSSE

•••

Trata a un hombre como es y seguirá siendo lo que es.
Trata a un hombre como puede llegar a ser y se convertirá en lo que puede llegar a ser.

JOHANN WOLFGANG GOETHE

El problema de la vida es que, cuando te faltan algunas cosas esenciales, acabas buscando refugio en el éxito.

JORDI NADAL

•••

El que persigue ese yo auténtico persigue al mismo tiempo la norma de toda vida, pues el yo más íntimo es igual en todos los hombres.

HERMANN HESSE

•••

La trascendencia no se manifiesta cuando superamos el nivel humano, sino precisamente cuando reconocemos este nivel humano, cuando reconocemos nuestra debilidad.

KARLFRIED GRAF DÜRCKHEIM

•••

No importa lo que sintamos o sepamos, no importan nuestras dotes potenciales o talentos, sólo la acción les da vida. Muchos de nosotros entendemos conceptos como el compromiso, el coraje y el amor, pero en realidad saber es hacer. Hacer trae la comprensión, y las acciones convierten conocimientos en sabiduría. No puedes atravesar el mar simplemente mirando al agua.

RABINDRANATH TAGORE

—Usted perdone —le dijo un pez a otro—, es usted más viejo y con más experiencia que yo y probablemente podrá usted ayudarme. Dígame: ¿dónde puedo encontrar eso que llaman Océano? He estado buscándolo por todas partes sin resultado.

—El Océano —respondió el viejo pez—, es donde estás ahora mismo.

—¡¿Esto?! Pero si esto no es más que agua... Lo que yo busco es el Océano, —replicó el joven pez, totalmente decepcionado, mientras se marchaba nadando a buscar en otra parte.

ANTHONY DE MELLO

•••

El genio liberado de su lámpara le dice al pescador:

—Pide tres deseos y yo te los daré. ¿Cuál es tu primer deseo?

Tras meditarlo un rato, dice el pescador:

—Me gustaría que me hicieses lo bastante inteligente como para hacer una elección perfecta de los otros dos deseos.

—Hecho —dijo el genio—. Y, ahora ¿cuáles son tus otros deseos?

El pescador meditó de nuevo durante un momento, y contestó:

—Gracias. No tengo más deseos.

CUENTO SUFÍ

No corras, ve despacio, que adonde tienes que ir es a ti solo. Ve despacio, no corras, que el niño de tu yo, recién nacido eterno, no te puede seguir.

JUAN RAMÓN JIMÉNEZ

•••

El yo más íntimo es Dios, es el «Sentido».

HERMANN HESSE

•••

¿Cuál es su mayor logro?
Yo mismo.

LEONARDO DA VINCI

•••

Vivir es crear.

STEPHAN ZWEIG

•••

Aprende a vivir y sabrás morir bien.

CONFUCIO

Capítulo 10

Reveladora sabiduría

Buscad leyendo y hallaréis meditando.

SAN JUAN DE LA CRUZ

El viaje por las *palabras que curan* llega casi a su final y como todo viaje, más allá de lo superficial, de lo aparente, es un viaje hacia uno mismo. Partimos de casa y volvemos a casa, descubriendo, como dice el cuento de la tradición, que tenemos un tesoro en ella. Un tesoro que antes no hallábamos y que no sabíamos ver a pesar de que siempre estuvo allí. Ojalá estas perlas de sabiduría, estas palabras que tienen el don de curar hayan abierto alguna brecha en tu pensamiento y en tu emoción y te muestren el tesoro que tienes, el tesoro que eres.

Y es que para descubrir tesoros es necesario saber reconocerlos, y el reconocimiento de todo tesoro mental, emocional, real o espiritual sólo es posible a través de la llave de la sabiduría.

El conocimiento se puede transmitir, pero la sabiduría no. A lo sumo se puede ofrecer con la voluntad de compartirla, pero tomar la sabiduría no es tan simple como extender el brazo y tomar el don, o beberlo como si fuera el más sagrado elixir. La sabiduría no se incorpora, sino que emerge. Debe encontrar el lugar en el alma en el que germinar. La sabiduría no admite el trasplante. Es como la semilla en la buena tierra. Nuestro trabajo simplemente consiste en crear las circunstancias para que la semilla que otros nos ofrecen o que nos ofrece la vida a través de las experiencias que vivimos sea bien acogida en la tierra de nuestro espacio interior, de nuestro ser. Hay que trabajar entonces nuestra materia prima esencial como lo hace el jardinero para que el paraíso se encarne.

En este capítulo he seleccionado un conjunto de textos cuya lectura y meditación son semillas para tu jardín interior. Espero que germinen con toda la fuerza que llevan en sí.

Te deseo una vida llena de luz y de sabiduría.

Debes aprender a estar suficientemente callado para escuchar el sonido de lo genuino que anida en ti, de modo que puedas apreciarlo en los demás.

MARIAN WRIGHT EDELMAN

•••

Cuando veas a un hombre bueno, piensa en emularlo. Cuando veas a un hombre malo, examina tu corazón.

CONFUCIO

•••

Vivir es encontrar por sí mismo lo que es verdad. Uno sólo puede hacerlo cuando goza de libertad, cuando hay una continua revolución interior dentro de sí mismo... Si uno se pregunta constantemente, si constantemente observa y aprende, encuentra la verdad, Dios o el amor. Y la verdad, Dios o el amor lo encuentran a uno. La función de la educación es erradicar, interior y exteriormente, ese miedo que destruye el pensamiento, la relación humana y el amor.

KRISHNAMURTI

•••

Si deseamos vivir, no momento a momento, sino siendo realmente conscientes de nuestra existencia, nuestra necesidad más urgente y difícil es la de encontrar un significado a nuestras vidas. Como ya se sabe, mucha gente ha perdido el deseo de vivir y ha dejado de esforzarse, porque este sentido ha huido de ellos. La comprensión del sentido de la vida no se adquiere repentinamente a una edad determinada ni cuando uno ha llegado a la madurez cronológica, sino que, por el contrario, obtener una comprensión cierta de lo que es o de lo que debe ser el sentido de la vida, significa haber alcanzado la madurez psicológica. Este logro es el resultado final de un largo desarrollo: en cada etapa buscamos, y hemos de ser capaces de encontrar, un poco de significado congruente con el que ya se han desarrollado nuestras mentes. [...] Para alcanzar un sentido más profundo, hay que ser capaz de trascender los estrechos límites de la existencia centrada en uno mismo, y creer que uno puede hacer una importante contribución a la vida; si no ahora, en el futuro. Esta sensación es necesaria si una persona quiere estar satisfecha consigo misma y con lo que está haciendo. Para no estar a merced de los caprichos de la vida, uno debe desarrollar sus recursos internos, para que las propias emociones, la imaginación y el intelecto se apoyen y enriquezcan mutuamente unos a otros. Nuestros sentimientos positivos nos dan fuerzas para desarrollar nuestra racionalidad; sólo la esperanza puede sostenernos en las adversidades con las que, inevitablemente, nos encontramos.

BRUNO BETTELHEIM

Ganarse el respeto de las personas inteligentes y el cariño de los niños. Apreciar la belleza de la naturaleza y de todo lo que nos rodea. Buscar y fomentar lo mejor de los demás. Dar el regalo de ti mismo a otros sin pedir nada a cambio, porque es dando como recibimos. Haber cumplido una tarea, como salvar un alma perdida, curar a un niño enfermo, escribir un libro o arriesgar tu vida por un amigo. Haber celebrado y reído con gran entusiasmo y alegría y cantado con exaltación. Tener esperanza incluso en tiempos de desesperación, porque mientras hay esperanza hay vida. Amar y ser amado. Ser entendido y entender. Saber que alguien ha sido un poco más feliz porque tú has vivido. Éste es el significado del éxito.

RALPH WALDO EMERSON

•••

Si nos centramos en cómo halla el sentido el hombre de la calle, nos daremos cuenta de que existen tres caminos que nos llevan a dar sentido a la vida: primero, cumpliendo un deber o creando un trabajo; segundo, experimentando algo o encontrando a alguien; en otras palabras, se puede hallar un sentido no sólo en el trabajo sino en el amor. Pero el más importante es el tercer camino: cuando nos enfrentamos a un destino que no podemos cambiar, estamos llamados a dar lo mejor de nosotros mismos, elevándonos por encima de nosotros mismos y creciendo más allá de nosotros mismos; en una palabra, a través de la transformación de nosotros mismos. Esto es válido indistintamente para los tres componentes de la triada clásica —dolor, culpa y muerte—, en la medida en que consigamos convertir el sufrimiento en un éxito y en un logro humano; extraer de la culpa la oportunidad para cambiar a mejor; y ver en la transitoriedad de la vida un incentivo para emprender una acción responsable.

VIKTOR FRANKL

•••

Dichosos los que saben reírse de sí mismos, porque nunca terminarán de divertirse.
Dichosos los que saben distinguir una montaña de una piedra, porque se evitarán muchos inconvenientes.
Dichosos los que saben descansar y dormir sin buscar excusas; llegarán a ser sabios.
Dichosos los que saben escuchar y callar; todos los días aprenderán cosas nuevas.
Dichosos los que son suficientemente inteligentes como para no tomarse en serio; serán valorados por sus vecinos.
Dichosos los que están atentos a las urgencias de los demás, sin sentirse indispensables; serán permanente fuente de alegría.
Dichosos los que sepan mirar seriamente las cosas

pequeñas y tranquilamente, las cosas importantes; llegarán lejos en esta vida.
Dichosos los que sepan apreciar una sonrisa y olvidar un desaire; su camino estará lleno de sol.
Dichosos los que sepan interpretar con benevolencia las actitudes de los demás, aun con las apariencias; serán tomados por ingenuos, pero es el precio justo de la caridad.
Dichosos los que piensan antes de actuar y rezan antes de pensar; evitarán muchas tonterías.
Dichosos, sobre todo, los que sepan reconocer al Señor en todo lo que encuentran; lograrán la luz de la sabiduría.

TOMÁS MORO

•••

He reflexionado con frecuencia acerca de lo que podría ser la educación del niño. Pienso que se necesitarían estudios básicos, muy simples, en los que el niño aprendiera que vive, en el seno del universo, sobre un planeta cuyos recursos deberá cuidar más tarde, que depende del aire, del agua, de todos los seres vivientes, y que el menor error o la menor violencia, pueden destruirlo todo. Aprendería que los hombres se han matado entre sí en guerras que sólo han producido otras guerras, y que cada país acomoda su historia, falsamente, para halagar su orgullo. Se le enseñaría lo suficiente del pasado para que se sienta ligado a los hombres que lo han precedido, para que los admire cuando lo merezcan, sin hacer de ellos unos ídolos, como tampoco del presente o de un hipotético porvenir. Se intentaría familiarizarlo, a la vez con los libros y las cosas; sabría el nombre de las plantas, conocería a los animales, sin hacer esas odiosas vivisecciones impuestas a los niños y a los adolescentes con el pretexto del estudio de la biología; aprendería a dar los primeros auxilios a los heridos; su educación sexual comprendería su presencia en un parto, su educación mental la vista de enfermos graves y de muertos. Se le darían también simples nociones de moral, sin las cuales la vida en sociedad es imposible, instrucción que las escuelas elementales y medias ya no se atreven a dar [...] En materia de religión, no se le impondría ninguna práctica o ningún dogma, pero se le diría algo respecto de todas las grandes religiones del mundo, sobre todo de las de su país, para despertar su respeto y destruir por adelantado ciertos prejuicios odiosos. Se le enseñaría a amar el trabajo cuando el trabajo es útil, y a no dejarse engañar por la impostura publicitaria, comenzando por la que le pondera golosinas más o menos adulteradas, que le preparan futuras caries y diabetes. Hay ciertamente un medio de hablar a los niños de cosas en verdad importantes, y más pronto de lo que se hace.

MARGUERITE YOURCENAR

Maestro, son plácidas todas las horas que nosotros perdemos, si en el perderlas, cual en un jarrón, ponemos flores. No hay tristezas ni alegrías en nuestra vida. Sepamos así, sabios incautos, no vivirla, sino pasar por ella, tranquilos, plácidos, teniendo a los niños por nuestros maestros, y los ojos llenos de Naturaleza... Junto al río, junto al camino, según se tercie, siempre en el mismo leve descanso de estar viviendo. El Tiempo pasa, no nos dice nada. Envejecemos. Sepamos, casi maliciosos, sentirnos ir. No vale la pena hacer un gesto. No se resiste al dios atroz que a los propios hijos devora siempre. Cojamos flores, mojemos leves nuestras manos en los ríos calmos, para que aprendamos calma también. Girasoles siempre mirando al sol, de la vida nos iremos tranquilos, teniendo ni el remordimiento de haber vivido.

FERNANDO PESSOA

•••

Usted podrá tener siempre todo aquello que se puede comprar con dinero, pero estará condenado a ver cómo precisamente lo mejor, lo más bello, lo más apetecible no se puede comprar con dinero. Lo mejor, lo más bello, lo más apetecible del mundo sólo puede pagarse con la propia alma, lo mismo que el amor no puede comprarse, y si alguien posee un alma no pura, no capaz del bien o al menos de creer en el bien, tampoco poseerá sensibilidad suficiente para lo mejor y más noble, y tendrá que contemplarse para siempre con la imagen empequeñecida, ajada, borrosa, del mundo que sus pensamientos, para propia tortura y pobreza, se han forjado.

HERMANN HESSE

•••

La verdad no es estática. La verdad es siempre nueva y sólo la puede comprender una mente que esté muriendo para toda acumulación, para toda experiencia, y que por lo tanto sea fresca, joven, inocente.

KRISHNAMURTI

•••

No sé donde estoy, pero sé que estoy en mí.
No sé qué es Dios, pero Dios sabe lo que soy.
No sé lo que es el mundo, pero sé que es mío.
No sé lo que valgo, pero sé no compararme.
No sé lo que es el amor, pero sé que gozo de su existencia.
No puedo evitar los golpes, pero sé como resistirlos.
No puedo negar la violencia, pero puedo negar la crueldad.
No puedo cambiar al mundo, pero puedo cambiarme a mí mismo.
No sé lo que hago, pero sé que lo que hago me hace.
No sé quién soy, pero sé que no soy el que no sabe.

ALEJANDRO JODOROWSKY

En lo más profundo, todos sabemos que hay alguien que estamos destinados a ser. Y podemos sentir cuándo nos vamos convirtiendo en ese alguien. Lo contrario también es verdad: sabemos cuando algo no encaja y no somos la persona que estábamos destinados a ser. Consciente o inconscientemente, todos buscamos respuestas, intentando aprender las lecciones de la vida. Andamos a tientas por miedo y culpa. Vamos en busca de sentido, amor y poder. Tratamos de comprender el miedo, la pérdida, el tiempo. Tratamos de descubrir quiénes somos y cómo podemos llegar a ser realmente. Sin embargo, con demasiada frecuencia los buscamos en el dinero, en la condición social, en el trabajo «perfecto», o en otros lugares, sólo para descubrir que estas cosas carecen del sentido que esperábamos encontrar y que incluso nos producen angustia. Seguir estas pistas falsas sin una comprensión más profunda de su significado nos deja inevitablemente con una sensación de vacío, creyendo que la vida tiene muy poco o ningún sentido, que el amor y la felicidad son tan sólo espejismos. De modo que ¿por qué esperar hasta el final para aprender las lecciones que podríamos aprender ahora? La lección del miedo, la de la culpa, la de la ira, la del perdón, la de la entrega, la del tiempo, la de la paciencia, la del amor, la de las relaciones, la del juego, la de la pérdida, la del poder, la de la autenticidad, y la de la felicidad. Nos han puesto en la tierra para aprender nuestras propias lecciones. Nadie puede decirnos cuáles son; descubrirlas forma parte de nuestro viaje personal. Aprenderemos que no estamos solos sino mutuamente conectados, que el amor nos hace crecer, que nuestras relaciones nos enriquecen. El amor es realmente lo único que podemos poseer, conservar y llevarnos con nosotros.

ELISABETH KÜBLER-ROSS

•••

No me interesa saber cómo te ganas la vida. Quiero saber lo que ansías, y si te atreves a soñar con lo que tu corazón anhela.
No me interesa tu edad. Quiero saber si te arriesgarías a parecer un tonto por amor, por tus sueños, por la aventura de estar vivo.
No me interesa qué planetas están en cuadratura con tu Luna. Quiero saber si has llegado al centro de tu propia tristeza, si las traiciones de la vida te han abierto o si te has marchitado y cerrado por miedo a nuevos dolores.
Quiero saber si puedes vivir con el dolor, con el mío o el tuyo, sin tratar de disimularlo, de atenuarlo ni de remediarlo.
Quiero saber si puedes experimentar con plenitud la alegría, la mía o la tuya, si puedes bailar con frenesí y dejar que el éxtasis te penetre hasta la punta de los dedos de los pies y las manos sin que tu

prudencia nos llame a ser cuidadosos, a ser realistas, a recordar las limitaciones propias de nuestra condición humana.
No me interesa saber si lo que me cuentas es cierto. Quiero saber si puedes decepcionar a otra persona para ser fiel a ti mismo; si podrías soportar la acusación de traición y no traicionar a tu propia alma...
Quiero saber si puedes ver la belleza, aun cuando no sea agradable, cada día, y si puedes hacer que tu propia vida surja de su presencia.
Quiero saber si puedes vivir con el fracaso, el tuyo y el mío, y de pie en la orilla del lago gritarle a la plateada forma de la luna llena: «¡Sí!».
No me interesa saber dónde vives ni cuánto dinero tienes. Quiero saber si puedes levantarte después de una noche de aflicción y desesperanza, agotado y magullado hasta los huesos, y hacer lo que sea necesario para alimentar a tus hijos.
No me interesa saber a quién conoces ni cómo llegaste hasta aquí. Quiero saber si te quedarás en el centro del fuego conmigo y no lo rehuirás.
No me interesa saber ni dónde ni cómo ni con quién estudiaste. Quiero saber lo que te sostiene, desde el interior, cuando todo lo demás se derrumba. Quiero saber si puedes estar solo contigo y si en verdad aprecias tu propia compañía en momentos de vacío.

ORIAH MOUNTAIN DREAMER

Busca dentro de ti la solución de todos los problemas, hasta de aquellos que creas más exteriores y materiales. Dentro de ti está siempre el secreto; dentro de ti están todos los secretos. Aun para abrirte camino en la selva virgen, aun para levantar un muro, aun para tender un puente, has de buscar antes, en ti, el secreto. Dentro de ti hay tendidos ya todos los puentes. Están cortadas dentro de ti las malezas y lianas que cierran los caminos. Todas las arquitecturas están ya levantadas dentro de ti. Pregunta al arquitecto escondido: él te dará sus fórmulas. Antes de ir a buscar el hacha de más filo, la piqueta más dura, la pala más resistente, entra en tu interior y pregunta... Y sabrás lo esencial de todos los problemas, y se te enseñará la mejor de todas las fórmulas, y se te dará la más sólida de las herramientas. Y acertarás constantemente, pues dentro de ti llevas la luz misteriosa de todos los secretos.

AMADO NERVO

•••

Lo que se aprende en la madurez no son cosas sencillas, como adquirir habilidades e información. Se aprende a no incurrir en conductas autodestructivas, a no dilapidar energía por causa de ansiedad. Se descubre cómo dominar las tensiones, y que el resentimiento y la autocompasión se encuentran entre las drogas más tóxicas. Se aprende que el mundo adora el talento, pero recompensa el carácter. Se comprende que la mayoría de la gente no está ni a favor ni en contra nuestro, sino que está absorta en sí misma. Se aprende, en fin, que por grande que sea nuestro empeño en agradar a los demás siempre habrá personas que no nos quieran. Esto es una dura lección al principio pero al final resulta tranquilizadora.

JOHN GARDNER

• • •

«Vida» no significa algo vago, sino algo muy real y concreto, que configura el destino de cada hombre, distinto y único en cada caso. Ningún hombre ni ningún destino pueden compararse a otro hombre o a otro destino. Ninguna situación se repite y cada una exige una respuesta distinta; unas veces la situación en que un hombre se encuentra puede exigirle que emprenda algún tipo de acción; otras, puede resultar más ventajoso aprovecharla para meditar y sacar las consecuencias pertinentes. Y, a veces, lo que se le exige al hombre puede ser simplemente aceptar su destino y cargar con su cruz. Cada situación se diferencia por su unicidad y en todo momento no hay más que una única respuesta correcta al problema que la situación plantea.

VIKTOR FRANKL

• • •

Si quieres percibir lo invisible, observa lo invisible.

TALMUD

Recordar es el mejor modo de olvidar.

SIGMUND FREUD

•••

Lo importante es no dejar de hacerse preguntas.

ALBERT EINSTEIN

Capítulo 11

Belleza

Le dije al almendro:
«¡Hermano, háblame de Dios!»
Y el almendro se cubrió de flores.
NIKOS KAZANTZAKIS

Esta es, aparentemente, la última parte del viaje. Y digo aparentemente porque desde la belleza podemos volver a partir de nuevo, en un ciclo sin fin, infinitas veces a trazar caminos de vida, viajes interiores y exteriores. Porque quizás, en el fondo, es la búsqueda de la belleza en sus diferentes manifestaciones la que nos mueve.

Lo bello nos conmueve, nos impulsa, despierta el deseo, la emoción, la admiración, el anhelo. La belleza puede incluso hacer que se rompan nuestros esquemas preceptuales y mentales. Es probablemente el último recurso terapéutico. El arte que no cura, no es arte.

Lo bello nos despierta y precisamente por ello deseo acabar este viaje por las palabras que curan con la selección de algunos textos que, aunque los haya leído mil veces, me siguen conmoviendo. También aquí cabrían muchos más de los que hay porque han sido muchos los seres humanos que han sabido trasladar los sublime a través de la palabra. De nuevo, sirva esta muestra como un pequeño aperitivo que nos haga recuperar la consciencia de lo que el alma humana puede crear.

Espero que este viaje te haya sido ameno, y que hayas encontrado en las palabras de otros tus propias palabras, tus propias ideas. Otros fueron los que las pronunciaron y escribieron, pero si has notado un asentimiento, una conmoción al leerlas, ahora son también tuyas.

Te deseo una vida impregnada de belleza.

Hasta pronto.

ÁLEX

Hoy, antes del alba, subí a las colinas,
miré los cielos apretados de luminarias
y le dije a mi espíritu: cuando
conozcamos todos estos mundos y el placer y la sabiduría
de todas las cosas que contienen,
¿estaremos tranquilos y satisfechos?
Y mi espíritu dijo: No,
ganaremos esas alturas sólo para seguir adelante.

WALT WHITMAN

•••

Después de un tiempo,
uno aprende la sutil diferencia
entre sostener una mano y encadenar un alma,
y uno aprende que el amor no significa acostarse
y una compañía no significa seguridad
y uno empieza a aprender.
Que los besos no son contratos y los regalos no son promesas
y uno empieza a aceptar sus derrotas con la cabeza alta y los ojos abiertos
y uno aprende a construir todos sus caminos en el hoy,
porque el terreno de mañana es demasiado inseguro para planes...
y los futuros tienen una forma de caerse en la mitad.
Y después de un tiempo uno aprende que si es demasiado,

hasta el calorcito del sol quema.
Así que uno planta su propio jardín
y decora su propia alma, en lugar
de esperar a que alguien le traiga flores.
Y uno aprende que realmente puede aguantar,
que uno realmente es fuerte,
que uno realmente vale,
y uno aprende y aprende...
y con cada adiós uno aprende.

ANÓNIMO

•••

Cada niño que nace trae consigo el mensaje
de que Dios no ha perdido la esperanza en los hombres.

KHALIL GIBRAN

•••

Los que estuvimos en campos de concentración recordamos a los hombres que iban de barracón en barracón consolando a los demás, dándoles el último trozo de pan que les quedaba. Puede que fueran pocos en número, pero ofrecían pruebas suficientes de que al hombre se le puede arrebatar todo salvo una cosa: la última de las libertades humanas —la elección de la actitud personal ante un conjunto de circunstancias— para decidir su propio camino.

VIKTOR FRANKL

Mirar la vida a la cara,
siempre hay que mirarla a la cara y conocerla,
por lo que es.
Así podremos conocerla, quererla,
por lo que es,
y luego, guardarla dentro.

VIRGINIA WOOLF

•••

Si me preguntasen por qué habito entre las verdes montañas, reiría silenciosamente; mi alma está en la calma. El capullo del duraznero sigue el movimiento del agua; hay otro cielo y otra tierra más allá del mundo de los hombres.

LI-PO

•••

Quítame el pan si quieres,
quítame el aire, pero
no me quites tu risa.
No me quites la rosa,
la lanza que desgranas,
el agua que de pronto
estalla en tu alegría,
la repentina ola
de planta que te nace.
Mi lucha es dura y vuelvo
con los ojos cansados
a veces de haber visto

la tierra que no cambia,
pero al entrar tu risa
sube al cielo buscándome
y abre para mí
todas las puertas de la vida.
Amor mío, en la hora
más oscura desgrana
tu risa, y si de pronto
ves que mi sangre mancha
las piedras de la calle,
ríe, porque tu risa será
para mis manos
como una espalda fresca.
Junto al mar en otoño,
tu risa debe alzar
su cascada de espuma,
y en primavera, amor,
quiero tu risa como
la flor que yo esperaba,
la flor azul, la rosa
de mi patria sonora.
Ríete de la noche,
del día, de la luna,
ríete de las calles
torcidas de la isla,
ríete del torpe
muchacho que te quiere,
pero cuando yo abro
los ojos y los cierro,

cuando mis pasos van,
cuando vuelen mis pasos,
niégame el pan, el aire,
la luz, la primavera,
pero tu risa nunca
porque me moriría.

PABLO NERUDA

•••

Te deseo primero que ames, y que amando, también seas amado. Y que, de no ser así, seas breve en olvidar y que después de olvidar, no guardes rencores. Deseo, pues, que no sea así, pero que si es, sepas ser sin desesperar. Te deseo también que tengas amigos, y que, incluso malos e inconsecuentes, sean valientes y fieles, y que por lo menos haya uno en quien puedas confiar sin dudar. Y porque la vida es así, te deseo también que tengas enemigos. Ni muchos ni pocos, en la medida exacta, para que, algunas veces, te cuestiones tus propias certezas. Y que entre ellos, haya por lo menos uno que sea justo, para que no te sientas demasiado seguro. Te deseo además que seas útil, mas no insustituible. Y que en los momentos malos, cuando no quede nada más, esa utilidad sea suficiente para mantenerte en pie. Igualmente, te deseo que seas tolerante; no con los que se equivocan poco, porque eso es fácil, sino con los que se equivocan mucho e irremediablemente, y que haciendo buen uso de esa tolerancia, sirvas de ejemplo a otros. Te deseo que siendo joven no madures demasiado de prisa, y que ya maduro, no insistas en rejuvenecer, y que siendo viejo no te dediques al desespero. Porque cada edad tiene su placer y su dolor y es necesario dejar que fluyan entre nosotros. Te deseo de paso que seas triste. No todo el año, sino apenas un día. Pero que en ese día descubras que la risa diaria es buena, que la risa habitual es sosa y la risa constante es malsana. Te deseo que descubras, con urgencia máxima, por encima y a pesar de todo, que existen, y que te rodean, seres oprimidos, tratados con injusticia y personas infelices. Te deseo que acaricies un gato, alimentes a un pájaro y oigas a un jilguero erguir triunfante su canto matinal, porque de esta manera, sentirás bien por nada. Deseo también que plantes una semilla, por más minúscula que sea, y la acompañes en su crecimiento, para que descubras de cuantas vidas está hecho un árbol. Te deseo, además, que tengas dinero, porque es necesario ser práctico. Y que por lo menos una vez por año pongas algo de ese dinero frente a ti y digas: «Esto es mío», sólo para que quede claro quien es el dueño de quien. Te deseo también que ninguno de tus afectos muera, pero que si muere alguno, puedas llorar sin lamentarte y sufrir sin sentirte culpable. Te deseo por fin que, siendo hombre, tengas una buena mujer, y que siendo mujer, tengas un buen hombre, mañana y al día siguiente, y que cuando estén exhaustos y sonrientes, hablen sobre amor para recomenzar. Si todas estas cosas llegaran a pasar, no tengo más nada que desearte.

VICTOR HUGO

•••

Dime por favor dónde estás,
en qué rincón puedo no verte,
dónde puedo dormir sin recordarte y dónde recordar sin que me duela.
Dime por favor dónde pueda caminar sin ver tus huellas,
dónde puedo correr sin recordarte
y dónde descansar con mi tristeza.
Dime por favor cuál es el cielo
que no tiene el calor de tu mirada
y cuál es el sol que tiene luz tan sólo
y no la sensación de que me llamas.
Dime por favor cuál es el rincón
en el que no dejaste tu presencia.
Dime por favor cuál es el hueco de mi almohada
que no tiene escondidos tus recuerdos.
Dime por favor cuál es la noche
en que no vendrás para velar mis sueños...
Que no puedo vivir porque te extraño
y no puedo morir porque te quiero.

JORGE LUIS BORGES

Dura menos un hombre que una vela
pero la tierra prefiere su lumbre
para seguir el paso de los astros.
Dura menos que un árbol,
que una piedra,
se anochece ante el viento más leve,
con un soplo se apaga.
Dura menos que un pájaro,
que un pez fuera del agua,
casi no tiene tiempo de nacer,
da unas vueltas al sol y se borra
entre las sombras de las horas
hasta que sus huesos en el polvo
se mezclan con el viento,
y sin embargo, cuando parte
siempre deja la tierra más clara.

EUGENIO MONTEJO

•••

Cuando una mujer de cierta tribu de África sabe que está embarazada, se interna en la selva con otras mujeres y juntas rezan y meditan hasta que aparece la canción del niño. Ellas saben que cada alma tiene su propia vibración que expresa su particularidad, unicidad y propósito. Las mujeres encuentran la canción, la entonan y cantan en voz alta. Luego retornan a la tribu y se la enseñan a todos los demás. Cuando nace el niño, la comunidad se junta y le cantan su canción. Luego, cuando el niño va a comenzar su educación, el pueblo se junta y le canta su canción. Cuando se inicia como adulto, nuevamente se juntan todos y le cantan. Cuando llega el momento de su casamiento, la persona escucha su canción en voz de su pueblo. Finalmente, cuando el alma va a irse de este mundo, la familia y amigos se acercan a su cama y del mismo modo que hicieron en su nacimiento, le cantan su canción para acompañarle en el viaje. En esta tribu, hay una ocasión más en la que los pobladores cantan la canción. Si en algún momento durante su vida la persona comete un crimen o un acto social aberrante, se le lleva al centro del poblado y toda la gente de la comunidad forma un círculo a su alrededor. Entonces... le cantan su canción. La tribu sabe que la corrección para las conductas antisociales no es el castigo, sino el amor y el recuerdo de su verdadera identidad. Cuando reconocemos nuestra propia canción ya no tenemos deseos ni necesidad de hacer nada que pudiera dañar a otros. Tus amigos conocen tu canción, y te la cantan cuando la olvidaste. Aquellos que te aman no pueden ser engañados por los errores que cometes o las oscuras imágenes que a veces muestras a los demás. Ellos recuerdan tu belleza cuando te sientes feo, tu totalidad cuando estás quebrado, tu inocencia cuando te sientes culpable, tu propósito cuando estás confundido. No necesito una garantía firmada para saber que la sangre de mis venas es de la tierra y sopla en mi alma como el viento, refresca mi corazón como la lluvia y limpia mi mente como el humo del fuego sagrado.

TOLBA PHANEM

•••

Hay gente que con sólo decir una palabra
enciende la ilusión y los rosales;
que con sólo sonreír entre los ojos
nos invita a viajar por otras zonas,
nos hace recorrer toda la magia.
Hay gente que con sólo dar la mano
rompe la soledad, pone la mesa,
sirve el puchero, coloca las guirnaldas,
que con sólo empuñar una guitarra
hace una sinfonía de entrecasa.
Hay gente que con sólo abrir la boca
llega a todos los límites del alma,
alimenta una flor, inventa sueños,
hace cantar el vino en las tinajas
y se queda después, como si nada.
Y uno se va de novio con la vida
desterrando una muerte solitaria
pues sabe que a la vuelta de la esquina
hay gente que es así, tan necesaria.

HAMLET LIMA QUINTANA

Compañera,
usted sabe
que puede contar conmigo,
no hasta dos ni hasta diez
sino contar conmigo.
Si algunas veces
advierte
que la miro a los ojos,
y una veta de amor
reconoce en los míos,
no alerte sus fusiles
ni piense que deliro;
a pesar de la veta,
o tal vez porque existe,
usted puede contar
conmigo.
Si otras veces
me encuentra
huraño sin motivo,
no piense que es flojera
igual puede contar conmigo.
Pero hagamos un trato:
yo quisiera contar con usted,
es tan lindo
saber que usted existe,
uno se siente vivo;
y cuando digo esto
quiero decir contar
aunque sea hasta

dos, aunque sea hasta cinco.
No ya para que acuda
presurosa en mi auxilio,
sino para saber
a ciencia cierta
que usted sabe que puede
contar conmigo.

MARIO BENEDETTI

•••

Perdóname por ir así buscándote
tan torpemente, dentro
de ti.
Perdóname el dolor, alguna vez.
Es que quiero sacar
de ti tu mejor tú.
Ese que no te viste y que yo veo,
nadador por tu fondo, preciosísimo.
Y cogerlo
y tenerlo yo en alto como tiene
el árbol la luz última
que le ha encontrado al sol.
Y entonces tú
en su busca vendrías, a lo alto.
Para llegar a él
subida sobre ti, como te quiero,
tocando ya tan sólo a tu pasado
con las puntas rosadas de tus pies,
en tensión todo el cuerpo, ya ascendiendo

de ti a ti misma.
Y que a mi amor entonces le conteste
la nueva criatura que tú eras.

PEDRO SALINAS

•••

Cada segundo que vivimos es un momento nuevo
y único del universo,
un momento que jamás volverá...
¿Y qué es lo que enseñamos a nuestros hijos?
Pues les enseñamos que dos y dos son cuatro,
que París es la capital de Francia.
¿Cuándo les enseñaremos, además, lo que son?
A cada uno de ellos deberíamos decirle: ¿Sabes lo
que eres?
Eres una maravilla. Eres único.
Nunca antes ha habido ningún otro niño como tú.
Con tus piernas, con tus brazos, con la habilidad
de tus dedos,
con tu manera de moverte.
Quizá llegues a ser un Shakespeare, un Miguel Ángel, un Beethoven.
Tienes todas las capacidades.
Sí, eres una maravilla.
Y cuando crezcas, ¿serás capaz de hacer daño a otro
que sea, como tú, una maravilla?
Debes trabajar como todos debemos trabajar para
hacer el mundo digno de sus hijos.

PAU CASALS

Hay dos modos de conciencia:
una es luz, y otra, paciencia.
Una estriba en alumbrar
un poquito el hondo mar;
otra, en hacer penitencia
con caña o red, y esperar
el pez, como pescador.
Dime tú: ¿Cuál es mejor?
¿Conciencia de visionario
que mira en el hondo acuario
peces vivos,
fugitivos,
que no se pueden pescar,
o esa maldita faena
de ir arrojando a la arena,
muertos, los peces del mar?

ANTONIO MACHADO

•••

El color de la luz es distinto, más claro.
El cielo salpicado de nubes nos regala puestas de sol de bellísimos colores.
La tierra está húmeda. Llueve más y la fragancia del bosque nos da los buenos días.
¿Quién dijo que la naturaleza no es un sujeto?
¿Quién dijo que no tiene alma? Que no siente, que no vive, que no ríe, que no llora...
Y he notado la sublime sensación
de algo mucho más hondamente entrelazado,

cuya morada es la luz de los ponientes
y el océano redondo y el aire vivo
y el cielo azul y, en la mente del hombre,
un movimiento y un espíritu que impulsa
todo lo vivo, todo objeto de todo pensamiento,
y que todo lo recorre.
Por eso sigue siendo amante de los prados y los
bosques,
de las montañas y de cuanto contemplamos
desde esta tierra verde, de todo el poderoso mundo
de la mirada y del oído.

WILLIAM WORDSWORTH

•••

Los milagros son comparables a las piedras: están por todas partes ofreciendo su belleza y casi nadie les concede valor. Vivimos en una realidad donde abundan los prodigios, pero ellos son vistos solamente por quienes han desarrollado su percepción. Sin esa sensibilidad todo se hace banal, al acontecimiento maravilloso se le llama casualidad, se avanza por el mundo sin esa llave que es la gratitud. Cuando sucede lo extraordinario se le ve como un fenómeno natural, del que, como parásitos, podemos usufructuar sin dar nada en cambio. Más el milagro exige un intercambio: aquello que me has dado debo hacerlo fructificar para los otros. Si no se está unido no se capta el portento. Los milagros nadie los hace ni los provoca, se descubren. Cuando aquel que se creía ciego se quita los anteojos oscuros, ve la luz. Esta oscuridad es la cárcel racional.

ALEJANDRO JODOROWSKY

•••

Muy cerca de mi ocaso, yo te bendigo, Vida,
porque nunca me diste ni esperanza fallida,
ni trabajos injustos, ni pena inmerecida;
porque veo al final de mi rudo camino
que yo fui el arquitecto de mi propio destino;
que si extraje la miel o la hiel de las cosas,
fue porque en ellas puse hiel o mieles sabrosas:
cuando planté rosales coseché siempre rosas.
Cierto, a mis lozanías va a seguir el invierno:
¡mas tú no me dijiste que mayo fuese eterno!
Hallé sin duda largas las noches de mis penas;
mas no me prometiste tan sólo noches buenas;
y en cambio tuve algunas santamente serenas...
Amé, fui amado, el sol acarició mi faz.
¡Vida, nada me debes! ¡Vida, estamos en paz!

AMADO NERVO

Agradecimientos

A mi querida hermana, Ana Rovira, que durante tantos años ha trabajado conmigo en la selección y transcripción de miles de aforismos, fragmentos de texto, poesías y relatos. Sin tu ayuda este libro no se hubiera realizado. Gracias, Ana.

A mi querido amigo, Francesc Miralles (a quien conocí y admiré como lector bajo los seudónimos de Francis Amalfi, Alfred Liebermann y Gottfried Kerstin, entre muchos otros), cuya generosidad me ha regalado algunos bellísmos aforismos que integran este libro. Gracias, Francesc.

A Rubén Verdú, amigo y genio creativo, por la bella portada de este libro que, desde el primer momento, me resultó tan inspiradora. Gracias, Ru.

A María Alasia, por su lucidez y su mirada poética, que le llevó a sugerir un título tan hermoso para este libro. Gracias, María.

A David Abadal, por su excelente criterio en los comentarios y sugerencias que me brindó durante el proceso de elaboración del manuscrito. Gracias, David.

A mi querido amigo y editor Jordi Nadal, cuya fuerza, lucidez, entrega y talento provoca verdaderos milagros. Su alma está en este libro y este libro es una muestra de su alma. Gracias, Jordi.

A Jaume Sanllorente, fundador e impulsor de la Fundación Sonrisas de Bombay y a Mercè Riera fundadora e impulsora de El Xiprer y a todos los voluntarios que cooperan con ambas causas, por ser ejemplos de lo que aparece en las páginas anteriores. Vuestro testimonio muestra que la utopía puede ser tan real como el papel que acoge estas palabras. Gracias por ser motivo de inspiración.

Y a ti, querida lectora, querido lector, por acompañarme en este viaje.

Paz, amor, consciencia, salud, prosperidad y felicidad a todos.

ÁLEX ROVIRA